中略咨询管理丛书

BY THE STANDARD
OF
FIRST CLASS ENTERPRISE STRATEGIC
MANAGEMENT
CAUSE AND COUNTERMEASURES OF STRATEGIC MANAGEMENT'S DESOLATION

迪凯◎著

对标一流企业
战略管理

战略管理荒芜的根源与对策

经济管理出版社
ECONOMY & MANAGEMENT PUBLISHING HOUSE

图书在版编目（CIP）数据

对标一流企业战略管理——战略管理荒芜的根源与对策/迪凯著. —北京：经济管理出版社，2015.7

ISBN 978-7-5096-3783-8

Ⅰ. ①对…　Ⅱ. ①迪…　Ⅲ. ①企业战略—战略管理　Ⅳ. ①F272

中国版本图书馆 CIP 数据核字（2015）第 100866 号

组稿编辑：何　蒂
责任编辑：杨国强　张瑞军
责任印制：司东翔
责任校对：车立佳

出版发行：经济管理出版社
　　　　　（北京市海淀区北蜂窝 8 号中雅大厦 A 座 11 层　100038）
网　　址：www. E-mp. com. cn
电　　话：（010）51915602
印　　刷：三河市延风印装有限公司
经　　销：新华书店
开　　本：720mm×1000mm/16
印　　张：15.5
字　　数：234 千字
版　　次：2015 年 7 月第 1 版　2015 年 7 月第 1 次印刷
书　　号：ISBN 978-7-5096-3783-8
定　　价：39.80 元

目 录

第一章
战略管理荒芜的根源

【章节导读】

在企业管理咨询实践中，每当谈及"企业战略"，几乎没有几个企业的董事长认为自己的企业没有战略，他们之中多数人将"战略规划报告"当成了自己企业的战略，更有大批的企业甚至连战略规划都还没有，而仅仅是提出了几个战略目标——这是许多管理者觉得战略太虚无、太缥缈的根源。若继续追问，企业是如何管理自己的战略的？如何评估自己的战略绩效？如何保障战略所需要的资源？如何保障战略实施需要的支撑与保障？能回答上来的企业家凤毛麟角。

这种现象，就像农民种地一样，战略规划了就好比把庄稼种在地里，至于战略能否实施，能否达成战略目标，就像庄稼能不能成长，能不能丰收一样，几乎没有人打理庄稼——管理战略，不打理庄稼，庄稼就会荒芜；不管理战略，"战略亦会荒芜"，这种现象几乎成了许多大企业官僚文化下对战略管理需求视而不见的一种习惯。本书的出版，旨在唤醒企业家认识到战略荒芜的恶果，以及如何打理自己企业的战略。

第一节　企业战略管理失败案例分析

企业失败的原因很多，但重要的、顶层的一条是缺乏战略管理。由于缺乏战略管理，使企业在战略决策方面和投资方面接连失误。透视我们很多企业，甚至很多集团型企业，虽然设置了战略管理的职能部门和机构，但由于主要领导人不注重战略管理、不懂得战略管理，或由于战略管理团队自身存在的问题，影响了整个企业的战略管理水平，使企业永远做不大，更做不强。

这些企业，由于战略管理失误或者战略管理过程的波动，也容易发生战略危机。企业战略危机并非一朝一夕的事，而是逐步累积的产物。企业对战略危机的防止和控制越早越容易，则损失越小，对企业的负面影响也就越小。

让我们一起来看看那些企业战略管理失败的例子吧！如果从企业战略的角度回顾这些案例，其本身非常值得去探讨、总结和借鉴，并从中得到一些战略层面的启示。

一、战略迷失——健力宝是怎样消失的

2011 年 11 月，前健力宝公司总经理被判处 15 年有期徒刑，英雄暮年，壮士悲歌。健力宝，曾经一度是民族第一品牌，被冠以"魔水"的称号，现在却消失在消费者的视线外。究其最大的原因，就是战略迷失。战略的成功很大程度上是企业家的成功，同样，战略的迷失也是企业领导者对自身未来方向判断失误的结果。这一点非常显著地体现在健力宝和它的两任领导者身上。

（一）长期的战略迷失，缺乏具体战略规划与执行的能力

健力宝缺乏明确的战略规划，只有一些漂亮的口号和几个简单的经济指标支撑未来的努力方向，存在着战略管理功能严重缺失、战略管理迷失的问题。战略

管理迷失导致了健力宝缺乏清晰的目标,最终陷入困境,主要体现在缺乏长远的战略规划,以及"漫无边际"的多元化与盲目的国际化扩张,缺乏将"战略宏图"化为具体战略方案与战略实施能力。

(二)企业组织架构不合理,组织功能缺失

健力宝的治理结构、组织结构及组织功能的设计、关键职位、职级设计等方面都存在着明显的不合理,结构的缺陷导致整个组织未能抓住影响企业经营最关键的因素。健力宝跟国内很多企业一样,是一个具有鲜明创业者个人英雄主义色彩的企业,存在的问题完全是领导人的经营管理问题,治理结构错位、组织功能缺失等。

(三)多元化的投资战略,导致核心竞争力衰退

健力宝诞生仅4年,年销售收入就超过了亿元大关,这在当时完全是一个奇迹。于是,除了不断增加在饮料扩能方面的投资外,健力宝也开始了它非相关多元化的投资,计划打造成一个多元化的企业集团。但投资这些产业,不仅对增强健力宝主业核心竞争力没有丝毫的关联作用,反而分散了原有的经营资源。结果导致健力宝的债务负担沉重,同时,主业丧失了快速发展的机遇,其核心竞争力快速衰退。

(四)品牌老化,也是企业家战略思维的僵化

主营业务的业绩快速下滑,让健力宝产生了极大的危机感,但出现危机后企业却仍然缺乏应对的战略,找不出突围的战略,这不能不说是健力宝的一大缺憾。健力宝的领导人,曾经对营销体系进行了重组,并重新设计了已经十几年不变的产品包装。但是,却没有对健力宝这个已经老化的品牌进行全新的改造,缺乏新的品牌战略。健力宝品牌的老化说到底也是企业领导人战略思维的僵化所致。

(五)企业文化迷茫,人力资源管理混乱

健力宝内部作过一次企业文化调查,绝大部分员工认为健力宝还未形成成熟的企业文化。健力宝企业文化的迷茫集中体现在两个方面:一是内部沟通不畅,部门合作却难乎其难;二是健力宝内部人际关系复杂,企业政治和企业内耗严重。

在人才战略上，健力宝缺乏全国各地的优秀人才加盟，严重束缚了健力宝的经营思维，在人力资源管理方面显得混乱。

（六）企业领导人的战略漠视，导致员工一片迷茫

对健力宝的战略缺失问题，健力宝内部存在一个可怕的现象，即企业战略迷茫导致公司广大员工对健力宝未来发展前途的严重担忧以及扭转危局信心的快速丧失。特别是中高层管理者、技术骨干处于一片迷茫，不知企业最终何去何从或是要走向何方。

二、远征之痛：企业并购时的战略危机

在过去 20 多年，全球大型的企业并购案中，取得预期效果的比例低于五成，而中国则有六成的海外并购失败。中国企业过高的失败率，让我们不得不静下来叩问和反思，其失败的根源究竟是什么？

（一）缺乏有效的战略，整个并购过程盲目而冒进

台湾明基公司收购西门子手机业务时，按照协议，明基公司只需付出少量的费用，加之西门子账上有 1 亿欧元的现金，这让明基觉得完全是占了个大便宜，于是便贸然进入还不太熟悉的手机领域。然而，在并购之后，他们才发现，德国员工需要支付高额的人力成本，待到半年后努力推出新机型时，却又比市场慢了半拍。2 年过后，明基—西门子在巨亏 8 亿欧元后草草宣告破产。

所有并购都应是围绕企业发展的战略目标进行的。然而在明基的海外并购中，企业过多地看重了财务投资方面的价值，而忽略了自身企业经营战略的客观需求，整个并购过程盲目而冒进，失败可想而知。

（二）整合控制能力欠缺，使并购战略成为缺乏支撑的空中楼阁

TCL 集团并购法国汤姆逊公司的"跨国姻缘"，却在 6 年后成为一个难咽的"苦果"。在经营管理过程中，面对技术换代以及员工的整合等问题，TCL 依旧将中国式方法照搬到法国。此后，TCL 在欧洲市场全面陷入被动，既没有打开销售陷入困境的局面，又对原有的烂摊子束手无策，企业内部关系矛盾重重，企业基本处于失控状态。

跨国并购后必须在三个方面加以整合：一是文化层面的融合；二是管理系统层面的结合；三是客户资源层面的整合。并购后的整合是决定并购能否真正取得成功的关键因素。TCL 并购后陷入困境，很显然是缺乏整合能力，而这通常也是中国企业海外并购中的一大通病。

（三）人才战略"水土不服"

联想并购 IBM 电脑事业部时，将原有中国事业部的高层派到美国去，分管各个重要部门。为了让他们能够更好地开展工作，联想给他们加薪，大致与美国的薪资水平相当。殊不知，在实际运营过程中，这些速成的跨国管理者始终未能找到更好的办法，也未能真正融入到美国的环境和团队中去，联想巨亏情况可想而知。

与国际上的跨国公司相比，中国企业明显偏小，跨国经验缺乏，加上长期在中国文化背景下工作，导致在人员素质上短时期内难以适应跨国经营的要求，思维方式也不大一样，在工作中通常不能很好地进入角色和更有效率地与对方打交道。外派人员"水土不服"，说明中国企业尚缺乏并购战略的"软实力"。

第二节　战略管理荒芜的具体表现

战略规划、战略实施和战略评价是企业战略管理过程的三个重要阶段。在这三个阶段，大多企业均不同程度地存在一些问题。例如，战略管理的专业能力整体水平低下，对战略管理的价值认识不够，战略决策和调整的随意性大，盲目追求短期市场热点，却缺乏中长期的战略布局，等等。这些表现是企业"战略管理荒芜和危机"的征兆。

一、战略规划管理的"荒芜"

（一）流浪倾向，企业没有明确的战略

没有战略的企业就像流浪汉一样随波逐流——以短期利润最大化为价值标准决定企业经营管理的走向。国内不少企业面临战略管理荒芜，许多企业高层，因为烦冗的事务性工作——事必躬亲型领导，以至于无暇顾及和思考企业的发展方向及战略定位。当一家企业像流浪汉一样，不知道应该往哪里走时，"短期利润最大化"成为企业家战略短视的最大借口，企业的命运从此便踏上了危险的征途，面临企业发展的"战略危机"只是时间问题。

（二）企业战略盲目跟风，缺乏独立判断和系统研究

有些企业虽然也意识到要制定战略，但其战略不是建立在对企业外部市场环境、机会、威胁和内部优势、弱点、资源的全面的、科学的分析与论证基础之上，而是看到别的行业、别的企业所获得的成功，便盲目跟风和模仿，尤其是在企业进入新产业的问题上，缺乏独立判断和系统研究。

（三）经验主义和自以为是的决策风格，使企业战略难产

许多企业家，尤其是民营企业家，他们的核心能力集中在"赚钱能力"上，而对于企业发展、企业管理和企业运营缺乏系统的、科学的、清醒的认识，但是，他们在各自的行业内却积累了丰富的操作经验或者称为赚钱的经验，便开始盲目自大、自以为是，恨不得将个人已往的成果经验复制到团队中的每一个人；以自己的经验主义和对企业未来发展的片面思考，取代"战略规划"。每当与这些企业家谈及企业的战略时，他们大多数仅仅只能提出一个空洞得不能再空洞的战略思考，却自信满满，无法认识到究竟什么才是企业战略？使企业内部任何战略规划和战略管理的动议、酝酿都不得不死于胎中。

二、战略实施管理的"荒芜"

（一）企业战略重要的不是"贪大"，而是"图强"

国内企业有一种战略定位的倾向，即企业发展规模越大越好，所跨行业、地

区越多越好。当询问企业经营者企业战略目标是什么时，得到的回答多半是"做大"。其实，就企业战略而言，重要的不是"贪大求洋"，而是"奋发图强"。

（二）旧瓶装新酒：组织结构与经营战略的矛盾

有什么样的企业战略，就应有什么样的组织结构。但这一点却往往被企业经营者忽视。一些企业开始实施新战略，但企业的组织结构却一成不变。这种"旧瓶装新酒"的做法，往往致使企业陷入组织约束的困境。

（三）赶鸭子上架：战略实施与人才匮乏的矛盾

一些企业实施战略之时，由于目标的"远大"、战略的"宏伟"，企业一时难以网罗足够的人才，于是便出现近年来企业普遍存在的现象———"赶鸭子上架"，即将管理能力、技术水平明显不够的人员，推上实施新战略的重要岗位。

企业在实施新战略时必须清醒地认识到，除了有正确的经营思路，还要具有相应能力的管理者及员工才能实现公司的战略意图，否则在执行过程中会偏离方向，不仅无法实现战略目标，反而很可能会给企业造成重大损失。

三、战略绩效评估管理的"荒芜"

（一）见树不见林：战略绩效评估指标片面

一些企业在进行战略评价时，片面强调短期的财务指标。企业为了追求这些财务指标，轻易将战略目标搁置一边，而采取种种与战略不一致甚至背道而驰的短期行为。同时，企业在进行战略评价时，也容易忽视质量指标，尤其是管理质量指标。

企业在确定战略评价指标时，需要达成数量与质量相互统一，需要做到经营与管理的相互统一，需要兼顾短期与长期的相互统一，需要融合组织利益与员工利益的相互统一，真正做到"既要见树又要见林"。

（二）"静态"的评价：战略绩效评估手段落后

一些企业的战略评价，或者是"集中式的专家研讨"，或者是"零散的内部报告"，战略评价活动多是"静态"的，即并未将战略评价活动作为一个动态过程来管理，未对战略决策的质量做可追溯管理，而是评价报告完成就意味着评价活动的结束，企业尚未形成相对稳定的战略评价机制和"动态"的战略评价体系。

第三节　企业战略管理荒芜的根源

中国企业从来都不缺乏伟大的战略构想，然而，众多企业的战略管理却形同虚设。笔者在咨询实践过程中，每每问及企业家或高层管理者，许多企业高层都不约而同地否认自己的企业没有战略；若要继续追问，很快便发现许多企业家并不真正清楚"何为企业战略"。

有些已经制定了清晰的"战略"的企业，由于对战略管理认知陷入误区，却无法使企业经营与管理紧密围绕组织战略目标达成而展开，结果将企业战略束之高阁，企业的绩效激励与考核评价完全与战略脱节，更不用讲在企业的内外部环境发生重大变化时，对企业战略做出相应的调整。大多数企业的战略管理基本处于"荒芜"的状态。

许多国有企业本身缺乏制定企业发展战略的原始动力，但是，其战略规划却成了轰轰烈烈走过场的"政绩工程"和"面子工程"，许多国有企业其战略规划是定给国资委的、定给领导的，而不是定下来，真的要按照战略组织经营。所以，国有企业的战略规划与企业的经营管理是"两张皮"，这一现象已经很普遍了。

中国企业的战略管理荒芜的根源，主要有如下因素。

一、高层缺乏进行战略规划所必需的认知

许多企业在"战略规划层面"，高层认识不到战略的重要性、不懂如何制订正确的战略规划、领导者又意识不到自我在战略领域的知识与技能缺乏，往往草草了事，形成一个看似很宏大清晰的战略定位、战略方向、战略目标，却对战略

如何实施、如何构建战略所需要的支撑与管理体系茫然不知。这其中，不乏大型中央企业、地方国有企业、民营企业、合资企业……深感"没战略真可怕！"

二、缺乏长期发展的规划，战略调整频繁

企业缺乏长远发展战略规划，没有清晰的发展战略和竞争战略；有的企业过于频繁调整战略。频繁改变战略等于没有战略，企业家应该思考：战略是否需要改变或是否需要做小的调整？基本目标是否因某种原因而改变？不要为了改变而改变。

一个企业的战略频繁调整是高层对企业使命和企业愿景认知模糊的具体体现，更是企业价值标准模糊的直接影响，使"短期利润追求"往往影响战略的实施，缺乏对自身战略的自信和坚守。

三、战略决策随意性较大，缺乏科学的决策机制

建立高效、完善的决策机制，防止战略决策的随意性，是企业竞争的客观需要。战略决策正确与否事关企业未来的发展。

但时下有些企业领导人，在战略决策中存在着较强的主观性、随意性和盲目性，凡事不做深入调查、不充分讨论，主要领导实质上是"一言堂"，随意拍板，却打着"民主集中"的幌子，即"决策前拍脑袋，决策中拍胸脯，出了问题拍屁股"。战略决策的随意性妨碍了战略决策的科学性，最终使战略决策偏离企业发展的正确轨道和客观需求，企业发展也容易受挫。

四、企业对市场和竞争环境缺乏客观分析和全面认知

企业高层习惯性地缺乏对市场竞争、企业发展、可持续发展的危机意识；即便在市场终端有了一定的危机感，也未能有站在战略高度和顶层解决问题的反思与习惯，高层对企业未履行战略管理的职责。

企业在战略规划过程中，对外部市场环境、竞争对手、所在行业、产业政策和国家经济宏观政策分析质量的高低，往往决定了企业战略规划的质量。主观性

过高和没有质量的内外部分析使得企业战略规划在客观上误入歧途，贻害不断。

五、缺乏明确的、具体的、切实可行的战略目标

战略管理机制和管理体系建设缺失，企业未能形成科学、规范和有效的"战略规划、战略决策、战略管理、战略修订、战略评估"组织保障、职能保障和管理机制。虽然，有些企业也设立了战略委员会、战略发展部，却对委员会和职能部门如何运作缺乏科学的认识和规划，使制定出来的战略目标客观上缺乏清晰的实施目标、可操作性和明确的考核评价标准。

六、战略难以得到中高层领导的理解和支持

企业如果不能将战略目标进行充分的、清晰的分解，也不能制订出具体的行动计划，战略就无法落实到企业的日常经营管理活动中去，企业战略也就成了空中楼阁。一些企业战略形成之后，没有在组织内部进行充分沟通和宣贯，导致企业内部的核心成员和中层团队对既定战略缺乏正确理解，更谈不上可以有效地付诸行动和实施了。

更有甚者，一些企业家甚至将战略规划锁在自己的保险柜中，不敢让团队成员知道企业未来发展的战略规划。

七、战略规划质量不高，战略陷入"假、大、空、泛"的境地

战略没有对其"实施、落地和执行"规划出有效的实施方案和实施路径，没有对战略实施所需要的内部资源和要素提出明确的要求，导致企业有战略，却无法落地，战略无法发挥出对企业经营、管理、市场竞争、企业发展的引领作用——战略与运营"两张皮"。为什么会这样？根源是"企业缺乏战略管理的专业人才"，领导不懂，下面的人也不懂。

当然，国有企业中的战略与经营管理的"两张皮"却是由国有企业的体制所致。

八、缺乏有效的战略保障措施，企业经营与战略脱节

一些企业缺乏有效的战略执行手段和保障措施，在组织结构、人力资源规划、财务政策等方面与战略实施所需要的资源、人力和条件脱节。

一些企业高层对战略管理缺乏深刻的、本质的理解，主观上往往认为"战略是虚无的、无法落地和实施的"，最终导致企业经营管理活动完全脱离了战略规划，结果使战略规划无法对企业管理发挥统领作用，战略与经营管理相脱节。

许多企业尽管也设置了战略管理职能部门，但是，却没有进一步明确战略管理部门的职责。企业高层管理者认为战略管理职能已经落实，结果却将战略管理这一核心职能边缘化，也无法制定有效的战略保障措施。

第四节　高管在战略管理领域的"五大原罪"

在企业战略规划咨询的过程中，每每谈及企业战略，许多企业高层往往都能讲出企业未来 3~5 年的经营目标，但是，若再继续追问，企业准备如何实现这些目标？实现这些目标需要哪些支撑和保障？鲜有人能讲得清楚。这样的企业是否形成了引领企业经营管理的战略呢？

究其根源，是由于企业的高层管理者不懂战略。不懂，不是最可怕的。不懂可以学习，可以聘请懂的人来制定战略。然而，我们却惊讶地发现——在企业高层管理群体中，很少有人觉得自己不懂战略，更不会主动承认自己不懂战略。企业家们更是如此，有些甚至在企业内部或同行内被誉为"企业管理专家"，谈及企业发展"言必及战略"，骨子里却是个实实在在的"门外汉"。

企业经营管理来不得半点虚假。恰恰是这样握有企业生杀大权的高层群体、决策者们在企业战略管理领域接二连三地犯下决策错误，最终却将这一顶层错误

推脱给执行层，归咎为他们执行不力。

企业高管是指代当前经济社会高度分工之后的一个职务名词，特指在"企业"这一显著经济组织中能影响和决定企业战略的一个特殊群体。他们原本无罪，但是，却由于这一群体在战略管理领域的"行动、习惯、态度、观点、倾向、动机与生存的方式"上存在着"普遍性的、群体性的麻木、无知、不作为"，才导致了无数企业出现了一系列的"战略选择失误、战略决策失误、战略投资失误、市场竞争失误"——而针对高层这一群体中的某个个体，我们可以从其能力、水平、观念、责任等诸多因素给予宽容与理解，但是，对于企业、对于社会、对于员工、对于股东、对于国家，我们却不得不拷问这一群体的原罪。

事实究竟是怎样的？

企业决策者受短期利润的驱使或诱惑，以及自身战略管理能力严重匮乏的双重约束。加之他们成长的轨迹大多来自基层绩优管理者，甚至是领域专家，对处理具体问题他们积累了自己独特的能力和经验。但是，位居高层却无法回归到企业发展的战略层面来系统思考，这导致他们所带领的企业在经营与竞争领域长期徘徊在"操作层面"与竞争对手"一较高下"，却浑然不知。

那么，问题究竟出在了哪里？

一、战略与经营管理两张皮

企业高层对"战略规划、战略实施、战略管理"缺乏深刻的、本质的理解，主观上往往认为"战略是虚无的、无法落地和实施的"，最终导致企业经营管理活动完全脱离了战略规划，使战略规划无法对企业管理发挥统领作用，战略与经营管理"两张皮"。

一个企业的战略规划是对企业作为经济组织在"经营目标与活动范围"的取舍、选择与定义。通俗地讲，就是为企业明确划定：企业该做什么？不该做什么？今年做什么？明年做什么？3年后在做什么？而这样的取舍与选择，恰恰需要依照外部市场的竞争环境、政策环境、行业发展趋势以及企业内部的资源优势、人才优势和发展意愿。许多企业战略规划的质量不高，恰恰是因为这一分析过程的方法论、工具和专业度不够，使得所形成的战略定位、战略方案过于主观，战略规划的系统性、客观性、前瞻性、可操作性严重不足；没有提出有别于竞争对手的、有助于竞争能力提升的、有利于企业可持续发展的战略选择和业务发展定位。

企业高层容忍这种战略管理的现状长期存在，是他们在这一专业领域的第一大原罪。

二、战略规划质量不高，战略实施的可操作性不强

对战略规划的任务和内容模棱两可、含混不清，导致战略规划质量不高，从而使战略实施在客观上的可操作性不强。

我们常常看到，企业的战略规划最容易将战略定位与战略目标设定聚焦在"经营目标、利润目标、市场地位"等宏大的愿景和目标上。却不了解，企业的战略规划，不仅要对总体发展提出战略性思考，更要将战略规划延伸到 SBU 战略（业务单元战略），还要对诸多功能子战略（文化、人才、品牌、市场）进行战略性思考与布局。

战略规划的任务主要回答：一个企业如何实现自己宏大的愿景目标？企业战略方案是要对企业如何达成这些战略目标在"策略、方法和路径"等领域提出系统性的规划和前瞻性的思考，即在所选择的经营范围内该如何活动？回答怎么干的问题？

遗憾的是，在企业战略管理过程中，大多数企业家容忍了高层团队在这一领域专业技能的欠缺，仅仅是因他们短期在经营和利润方面的业绩表现。既未能对高层团队提出战略管理的能力目标、学习要求，又未能对高层团队进行相关战略管理的技能与专业培训。正所谓"一俊遮百丑"！当企业的生存与发展环境逐渐恶劣的时候，企业发展所潜在的危机便开始显现，尤其是那些在战略层面已经无法纠正的时候，灾难便悄然降临。企业家漠视高管团队在战略管理领域长期处于能力欠缺的现实，导致了高管在战略管理领域的第二大原罪。

三、长期容忍企业战略管理职能滞后

许多企业高管都以为"战略实施"就是把战略目标分解给各执行机构，然后对他们的执行效果进行考核与评估。恰恰忽视了"战略形成"的背景与假定条件。在战略进入实施阶段，对企业所处的内外部环境变化对战略方案的影响视而不见。既没有对战略规划的假设条件（前提条件）进行全面的分析和评估，又没有对战略方案及时地提出修正和调整，而是将注意力集中在对战略方案的质疑上，抑或是抛弃战略规划提出的行动方案，最终使"战略与经营管理完全脱节"。其根本原因在于企业高管只意识到"战略规划"，却忽视了战略假定和战略修订。在一个企业中，"战略管理委员会、战略发展部"恰恰是担负企业战略日常管理、战略绩效考核、战略修订与完善的职能组织。

也有许多企业将战略管理职能设置在企业发展部，但是，却没有进一步明确企业发展部对战略管理的具体职责，高管以为战略管理职能已经落实，结果却将战略管理这一核心职能不了了之的边缘化了。

对企业战略管理职能滞后的长期容忍和漠视，是企业高管在战略管理领域的第三大原罪。

四、战略规划忽视了"战略实施路径规划"

许多企业的战略规划往往忽视了对战略实施路径的规划。

所谓"实施路径"就是对"战略方案"（SBU 战略、功能子战略）的具体实施，进行系统的路径规划：①战略规划周期内，如何将宏大的战略目标划分为战略实施的若干阶段；②依照战略实施的"关键成功要素"，如何设置战略实施的节点；③定义子战略之间的相互关联与关系，并据此设置各子战略执行的先后次序，以及完成的时间要求；④对战略方案实施假设条件的描述和定义，明确战略方案实施的内外部条件，以及对发起战略修订要素和条件的清晰界定。

"战略实施路径"是企业战略规划可操作性的技术保障，缺少实施路径的战略规划或方案，往往出现战略与经营"两张皮"的结局，最终使企业发展战略完

全丧失对企业经营管理的引领作用。

企业高管忽视了"战略实施路径规划和情景假设条件"是导致企业战略规划无法实施和落地的关键，是企业高管在战略管理领域的第四大原罪。

五、遗漏了对"战略支撑体系"的建设

任何一个企业宏伟的战略规划，都与企业的"组织现状、管理现状、运营现状、文化现状、人才现状、流程标准……"存在着较大的差距。企业战略规划能否有效地付诸实施，很大程度上取决于企业内部环境的支撑和保障能力。

通常我们把这个内部环境体系称作战略支撑体系，可见，企业战略规划的有效实施需要构建一个能够支撑战略执行的内部环境，这个环境包括组织模式、管理体系、运营体系、企业文化、人才队伍、核心流程、工作标准……而这个支撑体系的建设往往不是一蹴而就的，需要企业进行持续的变革与创新，以及组织成员的认同与改变。

企业高管在战略管理过程中对"战略支撑体系建设"的遗漏与疏忽，将导致企业宏大的战略规划在执行侧面无法落地，是企业高管在战略管理领域的第五大原罪。

由此可见，无论是民营企业，还是国有企业；无论是大型企业，还是小微企业，在战略层面的失误，必将导致企业在"顶层设计和 SBU 布局"方面陷入不可逆转的态势或窘境，甚至会很快将企业的发展引向自我消亡的绝地。究其根源在于企业战略管理体系建设滞后及企业高管群体性战略管理专业能力的缺乏。滞后与缺乏并不可怕，抓紧学习和补课能够补上。但是，若企业高管长期漠视这一滞后和短板的持续存在，则其职务行为便构成了对企业、对股东、对员工、对社会、对国家、对客户的原罪。

本章回顾

※ 战略规划、战略实施和战略评价，构成企业战略管理过程的三个重要阶段，在这三个阶段，许多企业均不同程度地存在着短板。

※ 有些已经制定了清晰的"战略"的企业，由于对战略管理认知陷入误区，无法使企业经营与管理紧密围绕组织的战略目标达成而展开，结果，将企业战略束之高阁，企业的绩效激励与考核评价完全与战略脱节，更不用讲，在企业的内外部环境发生重大变化时，对企业战略做出相应的调整。大多数企业的战略管理基本处于"荒芜"的状态，导致企业战略管理"荒芜"的责任在高层领导。

※ 企业高管在战略管理领域的"行动、习惯、态度、观点、倾向、动机与生存的方式"上存在着"普遍性的、群体性的麻木、无知和不作为"，是导致无数企业出现一系列的"战略选择失误、战略决策失误、战略投资失误、市场竞争失误"的根源。

第二章
战略管理缺失：失去的是企业的未来

【章节导读】

战略管理缺失，通常体现在"战略规划管理缺失，战略实施管理缺失，战略绩效评估缺失"三个方面。其中，战略失误，属于战略质量与战略实施管控的失误。企业缺乏战略管理，并不是说企业没有战略，而是企业的战略管理以及战略管理的水平能否跟上企业发展的步伐。

战略管理缺失成为经济环境下的普遍趋势，清晰地暴露出企业在战略管理上的诸多弊端，战略管理意识的淡薄、管理能力的薄弱、缺乏战略前瞻性和规划的系统性普遍成为当下中国中小企业发展的"软肋"，也为许多企业未来的淘汰局面埋下伏笔。

一些企业由于自身发展的缺陷，不能对市场环境做出有效的反应，不能对市场变化做出前瞻性的预测，因此，需要适当的战略管理为企业发展保驾护航。如何调整企业战略，提高企业应对市场经济和规避风险的能力，如何实现企业的可持续发展，是许多企业面临的严峻考验，需要企业不断的深化思考并寻求有效的解决方案。唯有如此，才能摆脱企业发展的各种约束，使企业在顶层从宏观角度把握发展全局，并能根据市场形势做出实时调整，增强市场竞争力，增强核心创造力，增强应对各种风险的能力，实现企业的平稳、健康、快速发展。

战略缺失的企业是没有明天的企业。

第一节　索尼：为何你的战略管理开始失效

索尼（Sony）公司是当前全球最大的消费电子类企业。然而，有关公司"经营不善"的说法已经有一段时间了。2014 年初，索尼的信用评级被美国穆迪降调至"垃圾级"后，市场对于索尼未来的信心降至新的谷底。

索尼究竟怎么了？索尼这个最有战略号召力的公司在众多的领域开始遭遇失败。索尼这种标杆型的公司，其战略管理究竟出了什么问题？

一、战略从来都不是静态的，索尼的战略管理遇到了前所未有的挑战

索尼 50 年来的胜利其实就是战略的胜利，但是现在，索尼各条战线遇到了麻烦。是战略理论出现了问题，还是索尼出现了问题？实际上是索尼战略管理的质量和方式出现了问题。

战略从来都不是静态的，因为市场是变化的。一个公司必须进行持续的、科学的定位，以保持自己永久的战略差异性和核心竞争力，这是企业获得胜利的根本。

索尼历经几十年的发展遇到了前所未有的挑战，它的战略已经开始变得模糊，因为在很多领域内索尼与其他很多公司已经没有什么两样，并且有很多公司已经开始超过索尼，索尼是进行重新战略定位的时候了。从现在看，索尼实际上在众多对手的围攻下掉进了效率竞争的陷阱，在这样的环境中索尼是没有任何优势的，因为它的成本是最大障碍。

二、战略管理失误，使索尼公司深陷泥潭

随着市场竞争的日趋激烈以及公司决策方面的失误，作为全球第二大消费类

电子产品制造商的索尼深陷泥潭之中。

曾经以创新著称的索尼，在数码产品研发方面已经远远落后于主要的竞争对手苹果。产品推出上的延迟（效率低下），表明已经有了58年历史的索尼在面对新对手的挑战时并没有任何优势可言，一个微小的失误就可以导致满盘皆输。

20世纪的商业模式，并不能保证索尼在21世纪也能取得成功，索尼目前所面临的最大问题就是对新科技、新技术、新经济形态迟缓的反应，导致其产品创新远远地被竞争对手所超越。

三、B2B 与 B2C 的战略之殇

索尼公司经营不善，体现在 B2B 与 B2C 的战略之殇。索尼过度聚焦于 B2C 业务，使得索尼公司逐渐降低其综合环境影响力，进而退出全球"志向型企业"的行列。

所谓"志向型企业"，简言之是指那些在世界范围内具有远大企图和理想的企业。

这些企业基本都是以 B2C 为主要业务模式的消费电子类企业。索尼公司其实也曾经拥有 B2B 业务，商用笔记本电脑 VAIO 曾经以品质卓越著称。无奈的是，经过长期经营，索尼公司在 2014 年公司战略会议上，宣布将彻底剥离个人电脑业务，将业务及资产整体转让给一家日本产业基金公司。

至此，索尼公司业务线中曾经引以为傲的 B2B 业务基本退出了公司的主要业务组合，索尼公司将更加聚焦于一家 B2C 的消费电子类企业。而 B2C 业务将使索尼不得不高密度地陷入不断变化中的消费者偏好之争当中，高成本的传媒、市场营销、投诉与客服也持续考验着索尼的可持续性与耐心。曾经，索尼 B2C 的业务模式成就了索尼的辉煌。而时至今日，B2C 业务模式导向又使得索尼逐渐失去了对日本乃至全球产业的综合影响力，索尼开始渐渐退出志向型企业的行列，全身心专注于全新的经营挑战。

四、索尼没有成为真正的互联网友好型企业

索尼另一个战略失误是忽视了互联网经济对全球政治经济的影响。日本企业整体都犯了这个历史性错误，拱手将产业领导地位让给美国企业。

很长一段时期以来，日本企业一直在为制造领域和工程技术的国际竞争力及创新精神而沾沾自喜，却在20世纪席卷全球的互联网革命浪潮中未能扮演弄潮儿的角色。

领先企业一定是互联网友好型企业。索尼公司虽然在硬件与装备上与互联网经济发生着关联，却从来没有成为真正的互联网友好型企业，其失去全球关注点也是必然的结果。

五、索尼战略优势的衰退带来的启示

索尼战略优势的衰退，给我们提供了五点启示：

第一，市场创新主体增多，具有技术优势的企业不可能垄断技术，消费者接受新产品的速度加快。

第二，索尼的衰落，实质是其产品竞争力的衰落。成功的企业首先是产品的成功，失败的企业也就是产品的失败。一个企业要长盛不衰，必须保证自己的产品永远有竞争力。

第三，索尼以往高成本、高价格的模式已经落后。设定好的战略，找到差异化的市场空间，并不意味着就找到了高成本的理由。新兴市场要求更大的创新与更低的成本。

第四，索尼到现在为止仍然具有超常的创新能力，但是，这种能力并没有保证自己在很多产品上胜利，缺少的是速度。

第五，品牌的优势永远是在现在，现在有优势并不等于今后就有优势。索尼正犯了这样的毛病，创造出一个好的品牌，然后停下来期待这块金字招牌照耀未来，这是索尼犯下的极大错误。

那么，作为一家一流的、标杆型的跨国公司，为什么竟然沦落到今天的境

地？显然，对索尼而言这并不是资金、技术和人才缺失所导致的问题。21世纪初，索尼在自己的战略选择中"没有准确遇见未来自己将要面临何种威胁"，即便遇见了，那么在战略选择与战略定位上做了错误的选择——索尼的战略未能在企业发展的前瞻性和发展模式上做出正确的选择。

当然，作为一家最为著名的全球消费电子类企业的索尼公司，是不会轻言放弃的。2014年伊始，索尼公司决策层召开了"2014财年公司战略会议"，提出2015年要完成对电子业务板块的改革，为2015财年的可持续发展奠定基础。至少可以看出，索尼公司决策层已经不奢望企业的中长期发展战略，而是更务实地立足于当下的业务战略规划。我们期待着这家曾经辉煌的伟大公司能够从逆境中翻身，继续向全球消费者奉献精彩。

第二节　战略规划管理缺失

企业战略规划的目的：全面剖析企业外部经营环境；了解企业内部优势和劣势；帮助企业前瞻性地预测未来可能面临的威胁和挑战；提出企业未来明确的发展目标及方向；使企业每个成员理解企业的目标。

但是很多企业，由于战略规划管理缺失，导致企业战略规划质量不高，使企业难以达成其战略目标。而对于企业高管来说，需要清晰了解战略规划管理的现状以及战略规划管理失效的根源。

一、对要素信息获得的障碍，导致战略误判

在战略规划管理中，许多公司没有充分调查市场竞争环境，忽略了竞争对手的针对性打击，从而造成重大损失。每个公司战略都是根植于市场竞争的，要细致了解竞争对手，研究竞争者的战略目标及与现状的一致性、风险观念、经营理

念、组织结构、企业文化、营运历史、营销战略、潜在能力；同时，根据对比研究分析，确定自身优势。只有充分知己知彼，才能发挥公司独特竞争优势，在战略上处于有利位置。

我们发现很多企业都清楚自己需要学习的标杆企业是哪一家，标杆企业的信息获得相对比较充裕，然而，许多企业对自身所在行业的重要信息和动态信息却不怎么关心，对自己所面临的竞争对手有哪几家，自身与竞争对手的差别究竟在哪儿不清晰。很多企业在信息获得方面，并没有形成有效的渠道和机制，情报分析滞后，加上战略规划部门做了习惯性的、选择性的信息分析，其结果是领导想要什么，分析的结果就倾向于什么，最终导致了企业战略误判的严重后果。

二、企业文化缺失，无法回答战略规划的根本性前提

战略规划管理缺失的一个重要原因是企业文化缺失。企业盲目地选择了规模扩张的方向和速度，却忽视了企业为什么要做强做大？忽视了企业未来发展的真正的愿景究竟是什么；企业文化在企业使命、企业愿景、核心价值观等层面严重滞后，根本无法发挥对企业战略的引领和指引；忽视了企业战略规划的根本前提和基础，即企业为什么要搞战略规划？企业究竟需要一个怎样的战略？在进行战略定位时，企业内部完全迷茫。公司要建立引领战略管理的企业文化，完善相应的激励机制，建立相应规范的准则，促使三者协调一致，确保战略规划真正体现企业的追求和愿景，有效地适应外部的竞争环境，有利于战略实施和落地。

三、缺乏中高层领导的支持，战略规划无保障，无法落地

战略规划管理需要企业中高层领导的支持。高层管理者决定着战略规划能否平稳落地。但是很多企业领导往往刚愎自用或优柔寡断，没有真正组织公司战略规划的实施。企业应该将战略远景规划传达到每个员工，并形成具体行动计划，这样才能确保实现战略规划的既定目标。

总体战略制定完成之后，应该制定战略规划保障措施，从而保证战略落地。

首先，组织保障措施。企业要有效地运营，必须将战略与组织架构相联系。

组织的设计在很大程度上是企业战略意图在组织结构上的反应。组织结构的功能在于分工和协调，是保障战略规划实施的必要手段。通过组织结构，企业的目标和战略转化成一定的体系或制度，融合进企业的日常生产经营活动中，发挥指导和协调的作用，以保障企业战略规划的落地实施。

其次，财务保障措施。一些企业的战略规划缺乏与之相匹配的财务战略规划，导致财务活动在企业战略制定和执行过程中的预测、反馈和控制、评价的保障功能未能有效发挥出来。财务管理工作和财务保障水平需要进一步提升：一是应围绕企业战略规划，进一步做好企业的财务战略管理工作。以财务战略统领整个财务管理工作，不断加强企业内部财务资源的整合，更好地支撑企业整体发展战略。二是加强财务预算管理，确保财务资源配置的战略保障措施落实到位。三是加强财务风险管理，确保企业战略实施不发生重大失误和方向偏离。促使企业在制定和执行战略的过程中，规避风险、控制风险、降低风险，实现"速度、效益与风险"的平衡，促进企业持续健康长远发展。

最后，人力资源保障。战略规划的有效实施需要有充足稳定的人才供给和能力保障。企业需要建立战略导向型的人力资源管理体系，以提升 HR 对战略支撑的系统性和整体性能力。企业要制定人力资源职能战略，支撑战略规划、整体战略实施。同时，完善人力资源开发体系建设，进行战略人才储备，关注中高层人才队伍建设，培养和造就一支总量适合、结构科学、素质优良、梯次分明的人才队伍，确立人才竞争的比较优势，为实现企业发展愿景和战略目标奠定人才基础。

四、战略规划缺乏可实施性

一些企业在战略目标和实施计划体系方面不够细化，导致战略规划缺乏实施性。体现在：一是战略目标确定的严肃性和有效性不够。一些企业刻意制定一个保守的、求稳的目标，使得目标容易达成，起不到应有的牵引作用，战略实施的有效与否也就无从谈起；相反，过高的目标和期望又容易让员工失去信心。因此，制定一个科学、合适的目标是关键。二是战略制定的细化程度不够，尤其是没有完整的战略目标体系和战略实施计划体系，只有粗线条的勾勒和描述，没有做进一步的分解细化，使战略规划难以实施。

因此，企业需要将战略目标体系和战略规划实施计划体系逐层分解和细化，让战略规划更具可实施性。

首先，将战略地图中的每一个战略主题都转化为具体的衡量指标与目标值，进而基于要实现的指标和目标值提出对应的行动方案，即为了完成某项战略目标，或提高某个指标的目标值所制订的关键行动计划。借助设定的战略计分卡的衡量指标和目标值，对战略地图中各项战略主题的执行情况进行有效的跟踪与评估，为公司战略的有效执行提供清晰的管理框架。

其次，开展战略目标和战略规划实施体系的细化工作，使得战略规划本身的可实施性得到大幅改善。

五、原有体系对战略规划的束缚与干扰

企业制度以及人员的配备都会影响战略规划管理。一些企业的战略规划管理之所以缺失，主要是原有体系对战略规划的束缚与干扰。

企业原有体系是在较长时间中逐步形成并巩固起来的。这种旧体系在最初形成时，相对于当时的条件与环境，的确有其优越性。但是在那些条件改变或消失以后，原有体系的无效性、落后性才慢慢地显露出来，并且对战略规划形成束缚与干扰。

因此，在战略规划的过程中，往往需要对原有体系采取创新突破的策略。创新就是要突破传统思维习惯大胆试验，敢于标新立异、敢于突破。原有体系是由一套慢慢稳固下来的组织结构、一套人们早已习以为常的价值标准、思维模式以及一套已经规范化了的办事程序或业务流程构成的。战略规划要设计出一套既与企业战略转型的方式相适应，同时又具有内在配套性的战略体系，在组织结构、思维方式、规范程序等方面下功夫，突破原有组织结构框架、思维方式、行为模式和规范程序，并在实践中摸索出、构建出新的组织结构、模式与程序。

六、追求不靠谱的战略目标

战略目标是对企业战略经营活动预期取得主要成果的期望值。战略目标的设定，同时也是企业宗旨的展开和具体化，是企业宗旨中确认的企业经营目的、社会使命的进一步阐明和界定，也是企业在既定的战略经营领域展开战略经营活动所要达到水平的具体规定。

战略规划的目标应当是明确的，其内容使人得到振奋和鼓舞。目标要高远，但经过努力可以达到，其描述的语言应当是坚定和简练。但一些战略规划追求的是不靠谱的目标，失败是情理之中。

战略目标的设立要切合实际，不能可望而不可即。企业对战略目标的设立要量力而行，要着眼于企业的条件，不能一心只想着结果。企业决策者大多倾向于制定较高的战略目标，较高的战略会让人感到振奋。但必须注意的是，如果战略高得超出了企业的能力所及，当它与现实脱节时，战略目标将变得毫无意义，这样的战略目标只不过是企业决策者良好的愿望而已。

第三节　战略实施管理缺失

战略实施是战略规划的延续与承接，企业的战略目标最终能否体现战略意图，能否按期达成，以及达成的标志设定均需要落实到战略实施管理上。战略规划落地与优化的过程，是战略实施过程中战略管理的主要任务。

战略实施管理在整个企业战略管理中占据着重要的地位。但是一些企业由于战略实施管理缺失，导致企业优秀的战略最终沦为"镜花水月、海市蜃楼、纸上谈兵的罪魁祸首"。

那么，战略实施管理缺失，具体体现在哪些方面呢？

一、管理者缺乏评估战略实施障碍的能力

一些企业在战略实施管理中，管理者没有能力评估战略实施潜在的障碍。比如，供应商或顾客反对变革，也就是没有得到利益相关方的支持。

许多企业既无法遇见战略实施过程中的困难和障碍，又提不出战略实施需要怎样的条件和支援，加上战略管理职能部门缺位或战略实施管理职能缺失，无法向分子公司提出更具体的指导，解决他们在实施过程中所面临的障碍。

因此，企业需要研究如何将企业战略变为员工的实际行动，调动员工实现新战略的积极性和主动性。这要求对企业管理者和员工进行培训，消除一些不利于战略实施的旧观念和旧思想，以使管理者和员工逐步形成新的战略思维。

战略的实施是发动员工的过程，管理者要向员工讲清楚企业内外环境的变化给企业带来的机遇和挑战、原有体系存在的各种弊病，新战略的优点以及存在的风险等，使员工能够认清形势，认识到战略实施的必要性和迫切性，树立信心，打消疑虑，为实现新战略的美好前途而努力奋斗。在发动员工的过程中，要努力争取战略的关键执行人员的理解和支持，从而扫清战略实施的主观障碍和客观障碍。

二、战略目标管理缺失，战略实施责任未能层层传递

战略目标管理体现为：如何快速找到企业发展的大方向；如何确定企业的发展路径；中长期战略目标的量化及分解。

很多企业面临战略目标管理缺失的困惑，管理者没有用经营管理的系统整体观重新认识战略目标管理的起点和终点；无法通过对愿景的有效描绘和宣达以使团队成员的能量聚焦在战略目标之下；也没有系统学习并掌握对战略目标进行管理的方法和工具。同时，战略目标管理缺失，战略实施责任也未能层层传递。

因此，企业需要将战略目标和指标层层分解下达，直到基层单位，直至员工个人，再自下而上地逐级形成对公司战略的有效支撑。将战略实施责任层层传递下去，并在管理咨询公司的帮助下将战略成功转化为战略图和平衡计分卡；各部

门围绕战略目标，实现横向和纵向的良好协同，提升公司战略实施效果。

企业不断改进和完善战略实施的体系，让战略实施成为公司所有人的管理语言，实现战略与实施的完美契合，为公司实现战略目标提供强大的支撑。

三、执行力文化缺失，提高到战略高度运作

战略实施过程中最关键也最容易被忽视的内部障碍是企业文化。战略实施必须要有一定的企业文化的支撑，这虽然是柔性的，不能用各种财务指标和量化指标来衡量，但却是真实存在的，就像是空气一样重要。

企业战略必须与企业文化相匹配，很难想象一个追求保守、稳健的企业文化的企业，将会把一个极具扩张型的战略执行得让人满意。因此，企业战略的调整必将引起企业文化的变革。基于企业文化的核心价值观不变的前提下，对企业文化理念和行为方式进行变革，以匹配企业的发展战略。

企业文化对战略实施的影响主要体现在三个方面，即文化的导向、激励、协调。文化的导向作用是指：企业共同接受的价值观念，引导着企业员工自觉选择符合企业长期利益的战略，并在战略的实施过程中，自觉表现出符合企业利益的行为。文化的激励作用主要是指：员工在日常经营活动中自觉地根据企业文化所倡导的价值观念和行为准则调整自己的行为。文化的协调作用主要是指：在相同的价值观和行为准则的引导下，员工选择的行为不仅符合企业长期或短期利益，而且是相互协调、相辅相成的。

由此可见，正因为企业战略与企业文化这种相辅相成的关系，才要求我们在制定企业战略与整合企业文化的时候，一定要根据企业的战略执行力与企业文化驱动力而决定，并且提高到战略高度运作。企业要用系统的思维，统筹的手段，将企业战略、企业文化、企业执行力一同打造，不能偏颇。

四、未能建立战略实施所需要的组织环境和支持系统

战略实施失败的原因：①企业缺乏充分的组织动员和组织保障，一些管理者不了解企业的战略意图，战略规划方案不能被认同，战略实施起来的难度就会很

大。②没有对组织结构进行适度调整，一些重要管理职能没有得到强化。③授权不当，下一级单位或自行其是，或不知所为。④管理重心或组织内部的战略资源配置不当。⑤缺少引导战略实施行动的战略绩效指标。

【案例】

成功的战略，失败的实施管理——春兰集团衰败原因

春兰曾经是我国空调行业的一面旗帜，但是这个空调"帝国"，却在短短的几年中逐步失去了主角的身份，离我们远去。我们不仅要问：到底是什么原因导致了春兰的衰败？答案是战略实施管理缺失。

春兰的失败，并非完全由于多元化战略的失败，更多的是经营、管理上的失败，企业机制改革受阻以及缺乏相关政策支持。也就是说，从战略方向的选择上，春兰应该是正确的，多元化战略没有执行到位、战略实施管理缺失是春兰衰败的原因。

春兰的多元化战略起步很早，最早进入的是摩托车行业。这时，春兰摩托从各方面都占据相当的优势。但是，春兰摩托最后的发展却不尽如人意。

春兰多元化战略的另一个重要步骤是 1997 年进入卡车业务。对于进入卡车业务，春兰同样占据非常明显的优势。然而，春兰的卡车业务最后却也发展成为"鸡肋"。

其实，春兰的资金、品牌等资源能力条件是非常充足的。在这种情况下，春兰公司的多元化战略失败，美好的战略构想落空，并不是春兰公司盲目多元化战略造成的。只能说春兰在战略实施管理上没有做好，而不是战略方向选择的错误。在这种情况下，再好的战略也只能成为海市蜃楼，走向衰败将是必然的。

第四节　战略绩效评估管理缺失

战略绩效评估管理的核心目的是为了达成企业战略：①发现若要达成战略目标还有哪些差距；②对战略规划报告中的"战略定位、战略目标、战略方案和战略实施路径"中存在的缺陷和不足进行系统的评估；③发现并弥补战略在规划阶段的客观缺陷；④系统性地提出战略修订和调整的建议。然而，现实中，我们却常常会发现一种奇怪的现象——部门绩效突出，但企业战略目标却未能实现。造成这一现象的根本原因在于战略评估与战略绩效管理相脱节，即职能部门在战略绩效评估管理方面的职能缺失，企业的战略规划和战略实施未能有效融入薪酬绩效管理体系中去，战略的导向性作用无法发挥；没有形成一体化的战略性绩效管理体系，企业没有运用战略绩效评价系统向员工传达公司战略与目标，战略实施的压力没有传导到具体的工作岗位。

因此，企业需要构建基于企业战略为导向的绩效评估系统，它是一项系统工程。在实施战略绩效评估实践过程中，需重点关注五个方面的内容：

（1）明确战略目标系统，主要包括企业使命、愿景与核心价值观、公司战略、战略绩效指标的设计与分解等内容。明确战略目标系统主要是为下一步制定出对公司战略形成有效支撑的绩效管理系统，牵引公司的各项经营活动始终围绕着战略来展开，从而建立起战略型中心组织。

（2）建立战略绩效管理运作系统，落实责任机制。战略绩效管理运作系统主要包括战略绩效计划、战略绩效实施、战略绩效考核、战略绩效回报四个环节，即企业依据战略绩效管理制度对上一个业绩循环周期进行定期评估，对管理层和各岗位责任人进行战略绩效考核，并根据考核的结果进行相应的奖励。

（3）组织协同，主要指公司战略目标、部门目标、岗位目标要保持纵向一致，强调指标的纵向分解；即上下级之间的沟通与协同。

（4）根据组织业绩目标与员工岗位业绩目标，建立任职资格系统与能力素质模型，提高组织和员工的战略执行力。

（5）培育支持战略绩效管理的企业文化，加强企业中高层主管的领导力。

第五节　战略失误源于战略质量管控缺位

战略失误属于战略质量管控的缺位。看似不经意的战略失误，往往会将一家企业推向万劫不复的深渊。作为企业的决策层，必须保持理智，认真梳理并准确判断企业战略定位的偏差，矫正企业战略定位的种种错误行为，千万不要让各类战略失误使企业陷入"一子错，全盘皆输"的绝境！

一、战略失误，源于战略质量管控缺位

（一）管理者战略迷失，犯下一厢情愿的片面性

一些企业在战略制定时，犯下一厢情愿的片面性。忽视竞争对手的后发优势，忽视市场变化，机械地进行企业战略和策略的定位。

管理者战略迷失，表现在重战术、轻战略，缺乏全局意识；将战略作为时髦的口号，不理解战略管理的真正内涵。

（二）照搬照套的模仿性，缺乏差异化的战略思考

这些企业的基本想法是，如果别的公司有战略实施成功的案例，再去动脑筋思考战略定位问题，纯粹是浪费时间。于是，不少企业采用照搬照套的模仿方式代替独立而差异化的战略思考。

（三）好高骛远的盲目性，打乱适度竞争的格局

时下不少企业盲目跟风，把战略定位在进入世界 500 强的位置上。其实，企

业的条件根本就不具备。企业不能实事求是地给自己定位，而去盲目攀高。其结果，就单个企业而言，将引导其采取不正确的竞争策略，不合理地配置资源；就整个行业来看，则会导致同业竞争的加剧，打乱适度竞争的格局。

（四）自不量力的多元性，导致企业陷入经营泥潭

多元化是企业做大、做强的重要途径，但是有的企业缺乏基础条件。比如，有的企业动不动就定位"一条龙"战略，跳跃式发展战略，自以为越大越好，发展越快越好，最后势必陷入多元化泥潭而难以自拔。

（五）战略实施管控滞后，导致战略实施效果偏差较大

战略实施质量管控滞后，导致战略实施出现较大偏差。主要是因为：不管环境如何变化，战略仍按照以前的规划执行下去；战略实施了，但做好做坏没人知道，到了年底才知道战略目标没有达成；战略实施的成效没有及时地沟通和反馈，各层级员工不知道方向是否正确；企业领导不了解战略实施情况，无法进行快速有效的决策，更无法进行战略实施管控；目标未达成，各部门互相推诿，最后不了了之。

由此可见，战略实施质量管控的重要性。对企业战略的实施质量进行有效管控的主要要求：

（1）设定绩效标准。根据企业战略目标，结合企业内部人力、物力、财力及信息等具体条件，确定企业绩效标准，并作为战略控制的参照系。

（2）战略绩效监控与偏差评估。通过一定的测量方式、手段、方法，监测企业的实际绩效，并将企业的实际绩效与标准绩效对比，进行偏差分析与评估。

（3）设计并采取纠正偏差的措施，以顺应变化着的条件，保证企业战略的圆满实施。

（4）监控外部环境的关键因素变化。外部环境的关键因素是企业战略赖以存在的基础，这些外部环境的关键因素的变化意味着战略前提条件的变动，必须给予充分的注意，使企业战略的实施更好地与企业当前所处的内外环境、企业目标协调一致，使企业战略得以实现。

（5）激励战略控制的执行主体，以调动其自我控置与自我评价的积极性，以保证企业战略实施的切实有效。

二、企业发生战略失误的主要原因

（一）企业高管对战略本质缺乏深入的思考

战略定位必须把握以下几点：①为企业准备达到的战略目标设定界限。②要有一个与众不同的价值主张。③要有利益导向，这个导向便是企业要有出色的盈利能力。如果这三项战略的本质认不清、把不牢，战略定位就会走过场或者出现失误。

（二）企业高管急功近利，受到机会主义困扰

一些企业领导人和管理者的战略思维方式具有急功近利的机会主义色彩。表现为热衷于捕捉所谓机会，目标短视而多变。甚至有的避实就虚，知难而退。导致企业战略成为水中花、镜中月，中看不中用。

（三）企业管理战略思维定式越严重，遇到战略管理能力瓶颈

许多企业领导人常常以过去的经验和自我主观判断作为参照物，过去的功绩越大，战略思维定式越严重。

另外，当企业发展到一定规模和层次时，企业领导人和管理者需要处理的信息，无论是跨度、层次还是复杂程度都会增加和扩展，其原有的经验、知识往往不能适应。这时就会出现战略思维的能力"瓶颈"，表现为抓不住本质问题，无法理清现象、因素与变量之间的关系，缺乏大局观，因此容易造成战略质量管控的失误。

企业家作为企业战略管理的决策性人物，其战略理念、战略思想、战略规划、战略执行都会对企业的发展产生直接而深刻的影响。企业的战略意图和战略行为一般由企业家的战略远景直接决定，企业的简单决策机制，使得企业家的战略意图更好地体现在战略行为中，因此提升企业家的战略管理能力对企业的战略管理实施有着重要意义。

第六节　战略管理缺失的灾难与后果

战略管理缺失一直是制约企业进一步发展的大问题。战略管理缺失与企业高层的思路密切相关。有些企业的战略管理是"摸着石头过河"，河里一旦没有石头，只有被河水冲走。有的企业只知埋头拉车，不抬头看路，走一步算一步。

战略管理缺失，往往给企业经营管理带来严重灾难与后果。

一、企业缺乏战略管理，将会迷失发展目标

战略管理是指对企业在一定时期的全局的、长远的发展方向、目标、任务和政策，以及资源调配做出的决策和管理艺术。如果企业缺乏战略管理，将会陷入战略迷失，即缺乏系统化的战略规划和战略管理体系，对未来发展没有明确思路和定位，更没有明确的战略发展目标。

二、企业缺乏战略管理，将会丧失真正的核心竞争力

企业核心竞争力是企业的生命线，是企业运行、发展的动力源。核心竞争力是企业战略的核心部分。核心竞争力突出地体现着企业或企业家的战略意图。

企业战略管理水平的高低，关系到企业核心竞争力，直接决定一个企业发展的快慢、好坏和持续性。

如果企业缺乏战略管理，将会丧失真正的核心竞争力，在战略上出现严重失误时，企业很可能要承担破产的后果。

三、企业缺乏战略管理，将难以形成高效执行文化

企业战略管理必须同企业文化相匹配。企业战略的调整必将引起企业文化的

变革，以匹配企业的战略管理。企业文化对战略实施的影响主要体现在三个方面：导向、激励以及协调。

科学的战略是企业成功的前提，但成功的关键在于对优秀战略的执行。如果企业缺乏战略管理，将难以形成高效执行文化，忽略执行文化，导致战略难以落地。

四、企业缺乏战略管理，将会丧失创新的方向

高效的战略管理，能够让企业明确创新的目标和意图，瞄准世界前沿的产业发展方向，科学合理地制定产品的技术路线图。能够从内外环境分析入手，设定战略目标，以创新为核心思想。

如果企业缺乏战略管理，即企业陷入战略迷失，员工也一片迷茫，企业将会丧失创新的方向。

五、企业缺乏战略管理，将会丧失可持续发展的机遇

战略管理有助于企业高层管理者集中精力迎接机遇和挑战，分析和预测目前和将来的外部环境，采取积极行动优化企业在环境中的位置，使企业有能力迅速抓住机遇，减少与环境挑战有关的风险，更好地把握企业未来命运。

企业要持久发展，需要制定可持续发展战略。如果企业缺乏战略管理，对市场环境和竞争格局的变化缺乏充分的认识和分析，管理者沉湎于昔日的辉煌，动态竞争下的战略意识不足，没有战略的参照，长远来讲不清楚要做什么，无形中为企业的健康发展埋下了隐患。

本章回顾

※ 战略管理缺失通常体现在"战略规划管理缺失、战略实施管理缺失、战略绩效评估缺失"三个方面，其中，战略失误属于战略质量和战略实施管控的失误。

※ 战略实施是战略规划的延续与承接，企业战略目标最终能否体现战略意图，能否按期达成，以及达成的标志设定均需要落实到战略实施管理上来。战略规划落地与优化的过程，是战略实施过程中战略管理的主要任务。

※ 战略实施管理在整个企业战略管理中占据着重要的地位。但是一些企业由于战略实施管理缺失，导致企业优秀的战略最终沦为"镜花水月、海市蜃楼、纸上谈兵的罪魁祸首"。

※ 许多企业既无法预见战略实施过程中的困难和障碍，又提不出战略实施需要怎样的条件和支援，加上战略管理职能部门缺位或战略实施管理职能缺失，无法向分子公司提出更具体的指导，解决他们在实施过程中所面临的障碍。

※ 企业战略规划的目的是全面剖析企业外部经营环境；了解企业内部优势和劣势；帮助企业前瞻性地预测未来可能面临的威胁和挑战；提出企业未来明确的发展目标及方向；使企业每个成员明白企业的目标。

※ 很多企业，由于战略规划管理缺失，导致企业战略规划质量不高，使企业难以达成其战略目标。而对于企业高管来说，则需要清晰了解战略规划管理的现状以及战略规划管理失效的根源。

※ 战略失误，属于战略规划质量和战略实施管控的失误。看似不经意的战略失误，却往往会将一家企业推向万劫不复的深渊。

※ 战略绩效评估管理的第一个核心目的是为了达成企业战略：①发现若要达成战略目标还有哪些差距；②对战略规划报告中的"战略定位、战略目标、战略方案和战略实施路径"中存在的缺陷和不足进行系统的评估；③发现并弥补战略在规划阶段的客观缺陷；④系统性提出战略修订和调整的建议。

第三章

对标战略管理：寻找伟大公司战略管理的韬略

【章节导读】

随着商业竞争的日趋激烈，越来越多的企业认识到学习的重要性，而寻找最佳战略管理标杆、向行业典范学习是企业强化战略管理的重要手段。

对标一流企业的战略管理，主要是以行业内或行业外的一流企业作为标杆，在战略管理方面与标杆企业进行比较、分析、判断，通过学习标杆企业在战略管理上的先进经验，帮助企业认知战略管理的差距，导出改进战略管理的方向，从而能更有效地推动企业向业界最好战略管理水平靠齐。

对标一流企业的战略管理，即寻找战略管理最佳案例和标准，加强企业战略管理的一种方法，站在全行业甚至更广阔的全球视野上寻找最佳战略管理模式，其核心驱动力在于对战略管理不断完善和持续性改进。

第一节　如何向战略管理标杆看齐

成功企业之所以成功的主要原因是企业在战略层面没有做错选择！企业决策者能够为企业制定一个科学的、正确的发展战略，并且能有效地管理这些战略。失败企业之所以失败的主要原因，大多数是这些企业的决策者在战略层面出现了重大的决策失误，抑或战略在实施过程中失去控制，未实现预期的战略目标和效果，即战略管理缺失。可见，一个企业实施有效的战略管理是十分必要的、紧迫的大事。

对标一流企业的战略管理，主要通过竞争情报方法不断寻找和研究一流公司在战略管理方面的最佳实践，以此为基准与本企业进行比较、分析、判断和学习，进而重新检讨自身的战略，使自己企业的战略管理得到不断改进和优化，进入赶超一流公司、创造优秀业绩的良性循环。

通过对标一流企业的战略管理，可以寻找一流企业战略管理的韬略。而如何找到一个适合的战略管理标杆企业，向标杆学什么以及怎样学应该是每一个战略管理缺失企业想知道的。

一、寻找适合的战略管理标杆企业

对企业来说，战略管理标杆就是企业学习的榜样。战略管理标杆对象一般分为几个层次：基线、行业标准、行业规范、行业领导者、全国最佳水平、世界最佳水平。根据本公司资源和精力，选择适合自己的标杆对象才是最好的。什么是适合自己的标杆对象呢？对于同行中排名靠前的竞争对手，与企业战略相符的标杆对象，很自然地成为企业努力学习的标杆。

但实际上，由于市场地位的不同、竞争态势的差异，有些企业战略管理可能卓越，但并不一定适合做你的战略管理标杆，或者不是你现在的战略管理标杆。因此，当你不可能一步达到一流企业战略管理水平时，找一个适合的战略管理标杆就是现实和有效的做法。

二、不一定选择同行作为战略管理标杆

既然是战略管理标杆，就会有战略管理上的比较，找出差距而后改进之。既然对标战略管理的目的是要改善，就不要局限在只找同行来比较。跨行业学习，学习其他行业和领域的最佳实践做法，往往会收到意想不到的效果。

任何一个成功的企业都有其个性化的、历史的积淀和现实约束，但是，无一例外地都会在战略管理方法上形成自己独特的管理模式和管理思想。我们可以从中学到很多。博学广进，才能找到改进企业战略管理缺失的好方法，才能创造出独特的战略管理优势。更何况，相比同行之间的商业保密，非同行之间有价值的信息更容易获得、更好借鉴，也就更有收益了，毕竟企业管理是相通的。

三、如何获得标杆企业的战略管理方法

在选择和学习标杆企业之前，尽量掌握待选企业的信息，这是一件十分重要的工作。战略管理标杆企业的各种信息不是支离破碎的，不同的信息之间存在着必然的逻辑联系。所以，为了更好地了解战略管理标杆企业，应该建立一套系统化的信息收集方法和收集流程，并通过日常性的沟通，保持信息的实效性，从而能够及时地掌握战略管理标杆企业的各方面信息。并且，能更好地理解该标杆企业在战略选择与战略定位上为什么是这样的，而不是那样的。

需要了解战略管理标杆企业的信息包括但不限于企业的经营方向、市场开拓、主要目标客户、核心竞争策略、产品开发机制改革、组织机构改组、重大技术改造、筹资融资，等等。

更深入的信息有企业使命、企业愿景、战略思想、战略目标、业务单元战略、职能战略，企业不同层次的战略制定、实施和评价、控制行为以及战略管理的决定权是否由总经理、厂长直接掌握等。

可以从多个渠道获得这些战略管理信息，如表 3-1 所示。

表 3-1　多渠道获得战略管理信息

信息来源	主要获取内容	特点
公开资料	标杆公司的战略愿景、目标、战略发展阶段，以及最新战略规划	信息公开、易得；行业杂志、前沿动态，等等
互联网信息	标杆公司的战略管理经验，还有对未来公司战略发展的想法等	信息量很大，因而网上查询的技巧很重要
第三方研究机构	通过定期购买战略管理研究报告，把握企业及其所属行业、地区的最新战略发展和战略管理趋势分析	中立、权威、全面、专业，是获得综合信息的最有效方式
与标杆企业的实地交流	通过多种途径与标杆企业管理层建立联系，直接去参观考察，与企业战略管理人员进行交流	通过参加交易会、展览会、公开培训课等方式建立起人脉关系
管理咨询公司	通过专业调研、收集有关标杆企业战略管理信息	信息更有深度、针对性强

第二节　如何学习标杆企业的战略管理之道

过去，很多企业学习战略管理，往往重形式，轻内容，其他企业上了一套战略管理系统，自己就盲目跟风，结果往往花钱却达不到效果。

学习战略管理标杆是为了解决企业战略管理缺失的问题，所以全面审视和正确评价自己的战略管理问题是必须的学习前提。我们可以从企业战略管理的战略制定、战略实施、战略控制、战略评价等几个层面分析比较，明确学习的内容。

一、甄选战略管理标杆企业的六大关键要素

选择战略管理标杆企业做最佳实践研究，总结它们在战略管理实践中成功的、有效的做法和经营，能给企业带来借鉴意义。战略管理标杆企业的甄选标准有六大关键要素：①公认的成功企业；②产品和服务组合方面具有相似性；③企业发展历程相似；④形成了显著成功的管理和运营模式；⑤战略定位与行业发展

规律一致；⑥值得借鉴、可学习、易于复制。如图 3-1 所示。

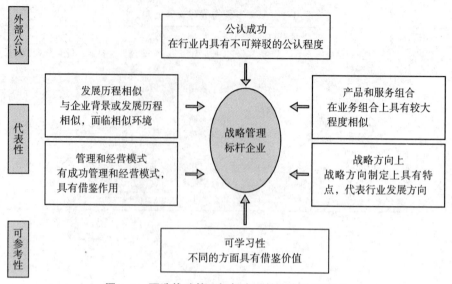

图 3-1　甄选战略管理标杆企业的六大关键要素

二、标杆研究为战略管理提供了新思想和新方法

标杆研究是企业战略管理行之有效的工具。通过标杆研究，企业有可能发现适合本企业的战略管理方法，从而超越竞争者。通过有效的标杆研究，企业可以更好地发现内部的优势和弱势，更好地分析竞争对手，发现与竞争对手在战略管理上的差距，可以为战略管理提供更多的改进机会，获得其他行业组织的新战略管理思想和方法。

其中，开展标杆研究的重要意义体现在：

（1）对自身责任与存在价值的理解，反映出标杆企业的价值导向；

（2）对战略规划的组织、实施和投入体现了标杆企业的管理理念；

（3）对战略定位的筛选，折射了标杆企业对行业趋势和客户价值的理解，以及对竞争对手的判断和克服同质化竞争的策略；

（4）对战略实施的管控与战略评价策略体现了标杆企业是怎样重视战略管理的，又是如何来组织和实施战略管理的，体现了一个企业如何审视、检讨和纠正战略实施过程中的误差和短板；

（5）学习他人的成功，避免他人的错误。

三、搭建标杆管理体系，全方位开展战略管理标杆学习

战略管理的标杆管理体系是战略管理落实的重要成果方案。目前，只有那些居于行业领先、国内领先、国际领先地位或有志于行业领先、国内领先、国际领先的企业，才意识到创建标杆管理体系的重要性，并努力创建该体系。

战略管理的标杆管理体系有着理论和实践上的来源，它的理论来源是战略管理评估理论和标杆管理方法，它的实践来源是战略管理实践和战略规划成果的积淀。

战略管理的标杆管理体系是承载优秀战略管理模式的系统平台，是支撑企业获得竞争优势的战略工具，是促进战略管理模式互动沟通、经验交流、推广传播和应用创新的良性机制，是帮助企业发现战略管理差距、改善不足、学习先进和赶超标杆的有效方法。

对标一流企业的战略管理中，企业需要以战略目标为指导，以战略标杆管理为平台，以战略标杆指标体系为手段，才能达到提升企业竞争能力的目的。

如何开展战略管理标杆的学习？标杆学习实际上就是解决"学什么，向谁学，怎么学"这三个问题。根据这三点，我们把开展战略管理标杆的学习分为五个阶段：

（1）决定向战略管理标杆学习什么，界定向战略管理标杆学习的明确主题。企业开展战略管理标杆学习的关键不在于你所在的行业，而在于企业对标杆学习的认识。企业在选择战略管理标杆之前，需要回答两个问题：①企业自身目前的战略管理状况是怎样的；②自己今后要向哪儿去。能客观地回答出这两个问题，战略管理标杆就容易找了。标杆学习既可以是整体学习标杆，也可以是只学习标杆的某一擅长点，就如 GE 向摩托罗拉学习六西格玛，可口可乐向宝洁学习客户研究一样。

（2）组成战略管理标杆学习团队，团队成员有明确的角色以及责任，引进专

案管理工具，制定阶段工作目标，并把战略管理标杆学习作为企业文化的重要组成部分。

（3）选定战略管理标杆学习伙伴，战略管理标杆学习的资讯来源包括被选定为标杆组织的员工、顾问管理、分析人员、产业报告以及电脑化的资料等。

（4）收集战略管理标杆学习的资料。收集及分析战略管理标杆学习资讯，选择资讯收集方式，规范收集资讯工作，分析战略管理标杆学习的资讯，提出行动建议。

（5）采取实际改革行动，根据调查收集到的战略管理标杆学习资讯，提出变革建议，并落实到战略管理行动中去。

四、不要轻易照搬别人的战略管理经验和方法

对于战略管理标杆企业的经验，不能照搬照抄，应该学习与创新并重，并注意自身战略指标设定的超前性。不能认为既然战略管理标杆企业已经达到了这样的目标，我们也应该把战略指标设定在同样的基准上。同时，也不能照搬照抄标杆企业的各方面战略管理经验，因为同样的战略管理方法在不同的环境因素下战略执行效果会完全不同。我们应该寻找、学习的是符合自身特点的好方法，更应注意对于先进经验的创新，通过创新寻找更适合自己战略管理改善的方法，这才是真正的标杆学习之路。

世界上没有两个完全一样的人，也不存在完全一样的企业。因此，在研究标杆企业的战略管理的成功经验时，需要重视和审视以下几个维度：

（1）企业核心文化——企业使命、企业愿景、核心价值观这些内在的核心要素所存在的差别。

（2）标杆企业在战略规划制定时，内外部环境中客观上存在着怎样的重大约束，即战略规划的时间段不同，其战略思想、战略资源和战略方案的取舍与选择均不同。

（3）在选择跨行业标杆企业时，应关注不同行业客观上的行业本质差异。

（4）审视标杆企业与自身在"优势、劣势、机会、威胁"等要素方面存在着

怎样的差别，即为什么标杆企业做了这样的战略选择。

（5）战略实施与战略绩效考核应充分考核两者在战略资源、管理体系、运营机制、管理团队、组织模式等方面存在的差异。

【案例】

随着中国电信市场飞速发展，中国电信运营企业已经开始逐步迈入世界500强的行列。目前，中国电信运营企业又对自己提出了更高的要求，主要电信运营商都把建设世界一流的通信运营企业作为自己的战略目标，而战略管理标杆研究是实现这一战略目标的必要途径。

中国电信以SBC通讯公司、法国电信、德国电信等国际一流电信运营公司为战略管理标杆，进行比较、学习。中国电信集团下发了《建设世界级现代电信企业集团参考标准》，并且开展战略对标及改进实施试点工作。中国移动也将日本电报电话公司、沃达丰通讯公司等国际一流的电信运营企业作为标杆比较对象。中国联通则把韩国运营商SKT公司等电信运营商作为标杆学习的对象。

《中国电信运营企业战略标杆管理实施研究报告》全面分析了战略标杆管理，深入地研究了中国电信运营企业的竞争能力，构建了科学、合理的战略标杆指标体系，明确了战略标杆管理的先进做法；同时，提出了中国电信运营企业进行战略标杆管理的具体实施步骤和措施，并且以国内外相应案例来分析，为中国电信运营企业建设者和管理者提供了一份全面、完整的研究报告，为中国电信运营企业实施战略标杆管理提供了一份详细、易懂的操作手册。

中国电信运营企业要实现世界一流企业的战略目标，就要以战略目标为指导，以战略标杆管理为平台，以战略标杆指标体系为手段，才能达到提升企业竞争能力的目的。

第三节　标杆对比可以帮助企业认知
战略管理的差距

从企业战略管理角度来讲，标杆对比是对比全球最佳战略管理实践，获取一流业绩的管理原则和管理手段，标杆对比可以帮助企业认知战略管理的差距，促使企业产生变革的需要。

企业经过战略管理的标杆对比，找到最佳工作方法，会不断地审视自己的战略管理现状，认知战略管理的差距，从与最佳战略管理实践企业的差距中找出自身不足，寻找可能的改进和提高战略管理水平的途径，引导企业的战略管理水平和技术水平呈螺旋式上升发展，甚至可以激发企业在战略管理上的创新变革，向学习型组织迈进。

一般来讲，企业战略管理可以在四个层次上采取改进措施。这四个层次构成了一个循序对照、追求卓越的标杆对比体系。

第一个层次是"战略管理现状改进"，它是指企业针对目前的战略管理现状，将最佳战略管理实践在企业内部进行全面推广，实现战略管理能力提升，即"战略管理现状改进"。

第二个层次是"行业领先"，它是在企业内部已有的最佳战略管理实践充分推广的基础上，对比行业内最优秀的企业，以提升企业的战略管理水平。

第三个层次是"现有最好"，即当企业的战略管理已经成为行业内最优秀的战略管理模式时，企业要放眼全球现有的所有企业，寻找其他行业内更优秀的战略管理标杆，与那些更优秀的战略管理企业进行对比和改进。

第四个层次是力求"未来最佳"，即当企业已经成为最好的战略管理企业时，就应该考虑 5 年、10 年以后最佳的企业战略管理实践应该是什么样的。因为

"战略管理最佳"只是企业的现状而已，企业还必须着眼于未来是不是也能成为全球最好的。

第四节 通过标杆对比可以获得改进战略管理的方向

标杆对比专注于企业战略目标的设立，能够帮助企业辨明战略管理现状，找出改进战略管理的方向，并为组织和团队创造变革动力。

首先，标杆对比可以帮助企业设定战略目标，提出改进战略管理方法的需求，并对相应的战略指标进行量化，从而明确企业战略管理改进的努力方向。

其次，标杆对比可以帮助企业辨明自己与标杆企业的战略管理模式及其相应战略指标的差异，发现战略管理缺失问题，并找到消除战略管理差异的最佳途径。

最后，标杆对比可以帮助战略管理团队建立信心，为企业和战略管理团队中关键个人找到更好的经验和认识，为战略管理变革营造信心、创造动力。

因此，标杆对比应用在战略管理方面是非常有效的手段，它可以针对战略目标、战略管理模式提出行之有效的战略管理改善方法。

【案例】

美国施乐公司是全球最大数字与信息技术产品生产商，是一家全球500强企业，是复印技术的发明公司，具有悠久的历史。目前在复印机市场占有率，特别是彩色机器的市场占有率占据全球第一的位置。

> 但是保持着世界复印机市场垄断地位的施乐公司，一度遇到了全方位挑战，如佳能、NEC 等公司以施乐公司的成本价销售同一档次产品且能够获利，产品研发周期、研发成本均比施乐公司少很多，施乐公司的市场份额直线下降。
>
> 面对竞争威胁，施乐公司在竞争情报工作基础上，开展了广泛、深入的战略标杆管理工作，通过全方位的系统情报收集、集中分析比较，施乐公司弄清了竞争对手的运营机理，找出了与佳能等主要对手的差距，全面调整了经营战略、战术，改进了业务流程，很快收到了成效，并把失去的市场份额重新夺了回来。

第五节　战略管理创新：标杆研究的活力所在

对标一流企业的战略管理，也要防止和克服企业在标杆研究之后导致的战略管理迷失。必须坚持在标杆研究和学习中创新，既要通过与战略管理标杆企业的比较找出自身差距与不足，从而不断改进提高，又要坚持从企业自身的经营特点出发，创造性地提出适合企业自身发展的战略管理模式和方法，也就是在学习的基础上实现战略管理的创新。

一、在学习战略管理标杆企业的基础上，设计科学的战略管理体系

一种新型战略管理模式的运用，必须确立与其相适应的战略管理理念，这是实现综合高效战略管理的思想基础。战略管理是指企业确定其使命，根据组织外部环境和内部条件设定企业的战略目标，为保证目标的正确落实和实现进度谋划，并依靠企业内部能力将这种谋划和决策付诸实施，以及在实施过程中进行控

制的一个动态管理过程。战略管理观念更新，才能深刻认识战略管理水平的真正差距，制定出适应本企业的战略管理方法。

企业战略管理体系设计的实质是围绕着企业的三个核心问题进行细化设计的过程，这三个核心分别是：企业在哪里？企业去哪里？企业何时竞争（行动）？"企业在哪里"是指明晰企业的位置，企业的优劣所在，企业如何从广泛的市场参与中选择有价值的目标市场与顾客，以提供满足其需求的服务举措。"企业去哪里"是企业的未来发展方向。"企业何时行动"指企业什么时间采取怎样行动才能战胜竞争对手，这需要企业详细分析竞争对手以及获取较高价值的各种策略手段。比如，拟采用什么样的新技术，还是拟推出什么类型的增值服务项目，等等。

二、在学习战略管理标杆企业的基础上，进行战略管理创新

从战略管理的前沿理论和创新方法中汲取理论营养，是实现综合高效战略管理的时代要求。企业在战略管理标杆研究时，要根据企业自身特点、战略规划、战略定位确定改进方向。这要求企业不仅是对战略管理标杆企业的模仿、学习，而且要进行战略管理的创新。通过对标一流企业的战略管理，创新和完善行之有效的战略管理方法和手段，借鉴吸收标杆企业有益的战略管理经验，运用综合集成方法对各种战略管理要素进行系统整合，实现战略管理创新。

持续改进是企业战略管理的灵魂。战略管理标杆研究，能够有效改善企业战略管理缺失的问题。因为其目标更明确、目的性更强、经验更有价值、教训更宝贵。企业可以从企业战略管理的战略制定、战略实施和战略控制等几方面向标杆企业看齐。

本章回顾

※ 对标一流企业的战略管理，即寻找战略管理最佳案例和标准，加强企业战略管理的一种方法，站在全行业甚至更广阔的全球视野上寻找最佳战略管理模

式，其核心驱动力在于对战略管理不断完善和持续性改进。

※ 学习战略管理标杆是为了解决企业战略管理缺失的问题，全面审视和正确评价自己的战略管理问题是必须的学习前提。

※ 企业经过战略管理的标杆对比，找到最佳工作方法，不断地审视自己的战略管理现状，认知战略管理的差距，从与最佳战略管理实践企业的差距中找出自身不足，寻找可能改进和提高战略管理水平的途径，引导企业的战略管理水平和技术水平呈螺旋式上升发展，甚至可以激发企业在战略管理上的创新变革，向学习型组织迈进。

※ 标杆对比专注于企业战略目标的设立，能够帮助企业辨明战略管理现状，找出改进战略管理的方向，并为组织和团队创造变革动力。

※ 战略管理创新，是对标一流企业战略管理的活力所在。

第四章

标杆学习之旅：解读标杆企业
战略管理的秘密

【章节导读】

日本企业在 20 世纪七八十年代以实际营运优势成功崛起，但是因为战略管理的缺失，导致日本企业对未来的市场变化缺乏前瞻性的思考和认知，最终导致了日本整体竞争力的下降以及经济的衰退。由于本来就缺乏明确的战略定位，在危机来临时，更普遍缺乏重新进行战略定位和战略管理的能力，使得日本企业深陷困境。

日本企业的前车之鉴，中国企业勿重蹈覆辙，前事不忘后事之师。中国企业需要加强战略管理，并从标杆企业在危机中的战略管理经验中寻求借鉴。

第一节　华为战略布局——与时俱进的战略调整

"2013 年，华为的销售收入预计将超过 385 亿美元，同比增长 10%。"华为公司在 2014 年新年献词，透露了上述数据。这意味着，华为业绩重回"两位数"增长。华为的逆势增长，是其长期以来规范的战略管理、改造流程、塑造企业文化和追求全球化发展的结果。比如，《华为基本法》是一部优秀的总结企业战略、价值观和经营管理原则的"企业宪法"。

在战略管理上，华为采取这些措施进行战略布局：坚持管道战略、加大技术研究领域的投入、优化组织构架，进一步增强一线人员的权力和灵活度。华为与时俱进地调整着战略，这也许是在行业前列的几位巨头之中，让华为一枝独秀、分外妖娆的根本原因。

在战略管理方面，华为给我们如下几点思考。

一、重视"研发战略"，确保增强核心竞争力

华为公司重视研发战略，其多年在研发人员和资金的巨额投入，以及对知识产权的高度重视，使华为获得了丰硕的成果。华为连续多年位居中国企业发明专利申请数量第一，持续研发技术的探索和投入保证了华为可持续的增长。

更值得国内企业借鉴的是，华为一直贯彻"领先半步策略"，避免研发人员只追求技术的新颖、先进而缺乏市场敏感。华为一直坚持研发战略要从"技术驱动"转变为"市场驱动"，规定每年必须有几百个研发人员转做市场，同时有一定比例的市场人员转做研发。与此同时，华为探索以项目为中心的团队运作模式。把以前由研发部门独立完成的产品开发，变成跨部门的团队运作。华为明确提出：必须确保增强核心竞争力的投入，确保对未来的投入。

二、"管道战略"是华为公司的核心战略

在第十一届华为全球分析师大会上，华为战略管理负责人表示，连接正在改变世界的常态，以移动宽带、云计算、大数据分析、物联网、社交网络为显著特征的 ICT 技术，正在重塑世界，成为引领人类社会下一轮发展的新浪潮。

华为如何实现这一愿景？主要根据三大措施：坚持管道战略、加大技术研究领域的投入、优化组织构架，进一步增强一线人员的权力和灵活度。

目前，华为业务主要分为三大块：

（1）运营商网络业务。2013 年，该业务实现销售收入 1665 亿元，同比增长 4%。

（2）消费者业务。2013 年，该业务销售收入为 570 亿元，同比增长约 17.8%，智能手机进入全球前三。

（3）企业业务。2013 年，该业务销售收入为 152 亿元，同比增长约 32.4%。

在这三大业务中，运营商业务收入占到了华为总收入的 80%。

显然，"管道战略"是华为公司的核心战略，因为数字物流需要更大、更粗、更快的管道，以支撑其不断增长的大数据流量，这是华为面临的战略增长机会。

用华为创始人任正非的话讲，盲目创新发散了公司的投资与力量，而华为聚焦的核心则是"管道"。面对喧嚣尘上的互联网思维，未来能为太平洋那么粗的管道做铁皮的公司会越来越少。

此可以看出，"管道战略"的提升，可帮助华为为更多运营商、企业服务，自然有利于实现连接世界。

三、决策权前置，让听得见炮声的人决策

企业战略管控的立足点是要对前线的市场信息有充分、及时地了解和把握，华为则把它推向极致，要"让听得见炮声的人决策"。后方配备的先进设备、优质资源，应该在前线一旦发现目标和机会时就能及时发挥作用，提供有效的支持，而不是拥有资源的人指挥战争、拥兵自重。

基层作战单元在授权范围内，有权力直接呼唤炮火。华为把决策权根据授权规则授给一线团队，后方具有保障作用。进一步推动将预算权、核算权和激励权转移到项目，切切实实激活项目这个最基本的经营单元。

四、推行管理变革，提高对机会、挑战的响应速度

华为公司依据现状和外部环境的变化，转换战略的重点，强化内部的管理，通过引进世界一流企业的管理体系，在管理上与一流企业接轨，通过管理效率促进经营效益的提高。

对于华为而言，强化管理，推行管理变革，因为管理是真正的核心竞争力。即推进组织变革、简化管理、下移管理重心，加大一线授权；推动机关从管控型向服务、支持型转变，加大向一线的授权，让听得见炮火的组织更有责、更有权；让最清楚战场形势的主管指挥作战，从而提高整个组织对机会、挑战的响应速度。

五、发挥战略目标的牵引力和驱动力

大公司与伟大公司的最重要区别在于，伟大公司是有价值观与愿景牵引的，而华为公司已经做到这一点。

华为公司优化相关政策能创造更好的企业文化氛围，激励优秀员工与华为公司共同长期奋斗。让优秀的员工，不论年龄、国籍、性别、文化背景，在华为这个平台上获得充分施展才华和成长的机会，与公司相互成就。提升管理的人性化，尊重员工，信任员工，鼓励员工与华为共同成长。

第二节　苹果的战略管理标杆学习之旅

苹果辉煌的起点是从 2001 年推出的 iPod 播放器开始。iPod 外观流畅简洁，成为时尚的象征。2007 年苹果推出 iPhone，自此，智能手机市场的原有格局完全瓦解。

苹果公司借力几款明星产品销售额迅速增长，终于走出其经营低谷，公司利润率持续处于行业内高水平，稳居"福布斯"全球高绩效公司榜单，成功实现了文化、产品、品牌和口碑之间的良性循环。苹果公司今天的辉煌，应归功于其战略管理。

一、产品战略的本质：产品创新与用户体验至上

1996 年，乔布斯重返苹果公司。随着 iPhone 等产品相继推向市场，乔布斯成功地打造了苹果文化的品牌形象：设计、科技、创造力和高端的时尚文化，成为全球业界、消费者关注的热点。

苹果公司的理念是，苹果的产品是个人工具，帮助个人解决问题。苹果没有选择机构或企业作为其客户，而是以个人作为目标客户。苹果公司的成功来自对人们如何使用电脑设备的透彻理解，以及开发"酷毙了的产品"的高度承诺。

苹果公司不断研发并连续推出新一代产品。作为一个高科技公司，苹果公司始终坚持不变的是产品创新。但作为一个电子消费品企业，苹果公司始终坚持不变的是满足消费者的体验需求，不断推出能更好满足消费者体验的产品。

二、产品设计思想：另类思考

苹果公司重视激发公司员工的创新动力。

在苹果公司，所有的一切都深深地打下了苹果联合创始人乔布斯的思想印记。苹果公司一贯强调，苹果应该开发出酷毙了、顾客看一眼就会喜欢上的产品。

简化是苹果公司产品设计流程里最重要的一步，iPhone、iPad 等苹果产品的设计中无不体现出对"简单即是美"这一逻辑的推崇。

在产品系统设计、外观设计及工业设计中，苹果公司坚持完美主义的理念。在产品设计中，苹果公司高度关注细节。

设计时专注于顾客想法和需求，专注于简单易用，苹果公司实际上抓住了用户体验最实质的东西。当苹果产品以精致诱人的造型面市时，就已经超越了时尚。

三、别出心裁的营销手段和紧凑的供应链

苹果公司通过别出心裁的营销手段和紧凑的供应链，以及对用户体验的打造，有效地动员了其目标客户群。口碑营销让充满神秘感的苹果产品诱惑无限，引消费者先夺为快。

为了尽可能地贴近更多的消费者，扩大"苹果迷"以外消费者对苹果产品的认知，苹果零售店精心设计了呈现"数码生活（中枢）"的用户体验场。

四、确立以用户为中心的"数码生活（中枢）"战略

苹果公司确立了以用户为中心的"数码生活（中枢）"战略，融合消费电子产品成为苹果战略中的重点。"数码中枢"的定位拓展为"数码生活"。

苹果公司进军手机市场，成就了一款明星级便携数码产品——iPhone。苹果不再局限于定位在一家电脑公司，苹果有成功的网络、渠道平台技术和服务，还有 iPod、iPhone 等消费电子类数码产品。经过多次软硬件升级，如今的 iPhone已经可以媲美个人电脑的基本运算功能，丰富的娱乐功能加上便携性，使其成为数码生活的核心产品。

五、搭建苹果公司生态圈

苹果公司这种打造生态圈的方式是很经典的"价值网"共赢模式。苹果公司

成就的生态圈"价值网"纵向上是供应商和苹果产品用户,横向上包括附件生产商和内容提供商(如软件开发群体)。这个生态圈的领先程度暂时未有竞争者能与其匹敌。附件产品及内容提供商因分享了苹果的客户群盈利,而苹果在这个生态圈中的核心地位即便于其管理 iPhone 的用户体验,同时保证了其对生态圈内收益的提取。

第三节　三星的战略管理:中国企业可触摸的标杆

三星公司创立时,还是一个为日本三洋公司打工的厂商。但战略上的调整,使三星公司最终从凤凰涅槃中获得重生,三星品牌也踏上了腾飞之路。三星缔造了一个品牌传奇,成为全球电子行业的翘楚,让整个世界都为之惊叹!

三星巨大成功的秘诀何在?其实,三星品牌之所以能够迅速成功,主要依靠三星的全球化品牌战略管理,以及其背后的三个重要因素:产品的领导性、系统性的品牌管理和差异化营销模式。

一、卓越的品牌战略管理

三星创造的品牌奇迹,首先要归功于确立了"引领数字融合革命"的品牌愿景,即卓越的品牌战略。

三星公司坚信品牌制胜才是三星崛起的关键,在数字化浪潮正在席卷全球消费电子行业的当下,三星决心把核心竞争力从大规模制造转向基于数字技术的自有品牌。三星公司在经营战略上做出了有史以来最大的一次调整,从大规模OEM 制造转向创新技术及产品,实施品牌战略,打造自有品牌。

三星制定了新的品牌战略,确立了新的品牌愿景"引领数字融合革命",致力于领导全球数字集成革命潮流。

紧密围绕这一品牌愿景，三星提炼出了"数字世界"的品牌核心价值，给品牌注入"e公司、数字技术的领先者、高档、高价值、时尚"等新元素，使品牌内涵与进军高端数字化产品、追求高附加值的战略相适应，彻底改变三星品牌过去在消费者心目中"低档、陈旧"的印象，使三星展现出高品质、高价值、时尚潮流的新形象。

此后，三星在全球范围内进行了声势浩大的品牌推广运动，树立了三星在数字化时代领导者的品牌形象。

二、确保战略得以高效执行

任何正确的战略都必须有力地执行才能掷地有声。为了把品牌战略贯彻到企业运营的每个环节中去，三星在集团层面正式设立了"集团品牌委员会"，规定所有三星集团下属公司在海外市场使用三星品牌时都需获得"集团品牌委员会"许可。与此同时，集团设立每年预算高达1亿美元的集团共同品牌营销基金，以有力推进品牌战略的执行。

新的品牌战略制定后，三星果断砍掉其他品牌，着力主打"三星"一个品牌。为了改变这种混乱局面，三星对品牌推广业务进行整合，使品牌形象得以统一和简化。

为了提升品牌形象，三星将产品定位于高端市场。三星还对其产品销售场所进行了调整，将产品转移至高级专业商店进行销售，使三星产品在消费者眼中从"低价格"转变为"高品质"。

三、塑造产品的领导性

产品是品牌的主要载体，一个企业有了领导性的产品，消费者才会注意。三星品牌战略的成功离不开其"世界最佳，世界第一"产品战略的有力支撑。

三星对产品技术研发不遗余力，三星在全球有17个研发中心，2006年，三星在美国申请专利数位居第二。三星不遗余力的研发，向消费者奉献出许多领导性产品。三星对产品质量有着极为严格的要求。在近乎苛刻的质量标准要求下，三星产品品质不断提升。

三星对产品设计引领时尚潮流。三星的产品彰显出"时尚简约、尊贵优雅、功能先进、操作简便"的特色。目前，三星在首尔、伦敦、东京、旧金山拥有四个设计中心。三星的设计作品屡获大奖。

四、赞助体育盛会，提升品牌价值

近年来我们不难发现，无论是在奥运会、世界锦标赛，还是在其他一些国际重大体育赛事，都能看到三星的身影。

奥林匹克 TOP 赞助计划已成为三星体育营销的最高策略，三星每年市场营销费用为 20 亿美元，其中体育营销约占 20%。三星标志与奥运五环紧紧地联系在了一起，借力奥运盛会，三星摆脱了以往低端的品牌形象，品牌价值大幅提升。

体育运动团结、进取的精神与三星企业哲学存在着强烈的共鸣，三星正是借助奥运平台，向全世界消费者传播其品牌内涵，赢得了消费者的好感和信任。

第四节　海尔如何驾驭战略管理

海尔公司在企业战略指引下，通过技术开发、精细化管理、资本运营、兼并控股及国际化，迅速成长为中国家电名牌厂商。

海尔的成功在于这种战略更替和转移的成功，在于它能够根据内外部环境的变化，不失时机地以新的战略替代旧战略，实现不同阶段上的战略转移。

一、海尔战略管理的发展阶段

（一）名牌战略阶段

在这一阶段，海尔实施"名牌战略"，建立了全面质量管理体系。在国内创立了海尔的名牌形象，总结出了一套可移植的管理模式。首先，注重产品的研究与开发。其次，运用现代营销管理策略。按照市场细分的原则，依照消费者的需要，把整体产品市场分为若干个细分子市场。再次，积极开拓和培育名牌市场。研究市场、分析市场、预测市场是海尔名牌战略决策中的关键。最后，强化名牌产品的内在支撑。同时，依靠调整企业结构、产品结构来发展规模经济，扩大名优产品的市场覆盖面，创造出名牌产品的规模效益。

（二）多元化战略发展阶段

海尔从一种产品开始向多种产品扩张，全面实施多元化战略。通过企业文化的延伸，成功地实施了多元化战略扩张，所采取的策略就是通过所谓"吃休克鱼"的办法来扩展。当时许多企业属于那种硬件比较好但软件不行、管理不行，海尔积极地把这样的企业兼并过来，先后兼并了18家，兼并的企业后来都扭亏为盈了。海尔的做法是：为每个企业差不多派三个人，一个人是全面负责，一个人抓质量，一个人抓财务。不是靠再投资，只是把海尔企业文化管理模式移植过去，使这些企业起死回生了。

（三）国际化战略阶段

实施以创国际名牌为导向的国际化战略，其基本战略理念是"从海尔的国际化到国际化的海尔"。所谓"海尔的国际化"，简单地说是要求海尔产品的各项标准都能符合国际标准的要求，而且要成为中国很有竞争力的出口商，增强产品在国际上的竞争力，而且要打海尔的国际品牌。"国际化的海尔"则是要在世界各地建设海尔，不再是一个从中国出来的海尔产品，而是在当地设计、当地生产、当地制造、当地销售的产品，这也就是"本土化的海尔"。这是个非常大的战略转折，而且对海尔来说也是个很大的新考验。

（四）全球化品牌战略阶段

互联网时代带来营销的碎片化，互联网也带来全球经济的一体化，国际化和全球化之间是逻辑递进关系。因此，海尔整合全球的研发、制造、营销资源，创全球化品牌。这一阶段，海尔探索的互联网时代创造顾客的商业模式是"人单合一"的双赢商业模式。

（五）网络化战略阶段

互联网时代的到来颠覆了传统经济的发展模式，而新模式的基础和运行则体现在网络化上，市场和企业更多地呈现出网络化特征。在海尔看来，网络化企业发展战略的实施路径主要体现在三个方面：企业无边界、管理无领导、供应链无尺度。

二、海尔战略转型：重建企业的"生态系统"

海尔推出了其颠覆传统的多款创新产品，并宣告将联合战略合作伙伴打造中国最大的"空气生态圈"，依托大数据转型生态服务。这是海尔战略转型、打造平台型生态系统的重要范例。海尔提出了基于企业、员工、用户三个维度的战略转型，即企业平台化、员工创客化和用户个性化，并希望最终打造一个开放的生态系统。

企业平台化，是企业必须朝着平台化来发展，自己能够和更多的企业合作，构建一个生态圈，而不是原来单纯的竞争关系，是在一个平台上共同去创造增量，而不是对于存量的分割。员工的创客化，即让每一个员工保持着活力。用户的个性化，即必须要满足用户个性化的需要。这些都是海尔多年来"人单合一"管理模式的一种表达。

海尔的战略转型需要"虚实结合，内外结合，上下结合"。海尔内部演变成一个个小微企业，同时又可以不断通过企业平台整合外部资源。上下结合则由于自下而上的变革时间会很漫长，所以上下结合广泛撒种，有助于海尔榕树型战略的推进，一棵大树演变成整个森林，最终形成一个开放的生态系统。

三、组织架构上的战略创新

互联网时代的到来，提出了"三个转变"的思路：时代在转变，企业也要转型，产业结构逐步从以制造业为主转向以服务业为主。因而个人应该转化：从听命于领导到听命于用户，创造用户价值。在此基础上形成"人单合一"的双赢商业模式，即打造一个平台，让用户在这个平台上能满足需求，员工利用这个平台能发挥潜能，解决用户的难题。

海尔集团在组织架构上也进行了创新，让整个组织的结构由"正三角形"变为"倒三角形"，原先的组织层级消失了，工作不再是单向完成上级管理者的指令。要让每个员工都成为直接面对市场的自主经营体，用这种机制来激励所有员工能够自主创新。发现用户需求，满足用户需求，已经成为自主经营体和员工主动追求的目标。让消费者成为发号施令者，让一线员工成为经营者，倒逼整个组织结构和流程，让以前高高在上的管理者成为倒金字塔底部的资源提供者。

"人单合一"的双赢商业模式，其特色体现在：

（1）让每个人都面对市场，成为独立的核算单位。如制造部让每条线变成像公司一样经营，这条线要自己核算成本；同样，销售人员也组成了以市场为中心的经营公司。

（2）确定目标后，倒逼团队。如果竞争对手承诺 3 天送货，海尔就必须承诺1 天送到，物流就必须改变现有的经营状态，保证能够在 1 天送到。

（3）"人单合一"就是每个人都有自己的订单，都要对订单负责，而每一张订单都有人对它负责，避免产生孤儿订单。

（4）让每个员工都有一张表，把企业资产变成员工个人资产。比如：销售100 万元的产品，这是企业资产，最后员工销售出 120 万元，则 20 万元就是增值，再扣除员工的费用，剩下的才是利润。利润中留下行业平均利润，剩下的分成。

海尔在互联网转型道路上的思考、方向、路径及所走过的弯路，可以为中国传统企业尤其是制造企业提供优异的借鉴。

第五节　联想战略管理：从困局到破局发展

谈及企业的战略管理，不得不提联想公司。联想经过几年的摸索、实践甚至于失败，最终在战略管理上形成了卓越的能力。联想的战略管理模式具有显著的示范意义。探究联想战略管理的秘密，有利于成长中的中国企业学习和借鉴。

一、联想的战略管理困局

曾经创造过一系列奇迹、在中国 PC 市场叱咤风云的联想，正面临着一场战略危机：传统 PC 业务面临戴尔的咄咄逼人之势，手机业务和 IT 服务又未能形成自己的核心竞争力，这一切未必是业务组合本身的错误，问题的关键恐怕在于其未能有效平衡核心业务、增长业务和种子业务，未能有效地在核心业务、增长业务和种子业务中间发掘出推动公司发展的增长点。

联想遇到的最大问题是战略层面的问题，即战略管理上的困局。而且会有越来越多的国内企业也将面临这个问题。

二、联想的国际化战略

联想的国际化战略转型，反映了联想进行战略管理探索的过程。联想制订了第一个三年规划，决定进入 IT 服务领域，并把联想分为六大业务群组，走多元化道路。然后，通过地域扩张的方式来实现业务增长。

国际化战略的初步实践，体现在联想收购 IBM 的 PC 业务，使全球 PC 市场形成联想、HP、DELL 三分天下的格局。整合后的第一个季度优良业绩，证明这个战略是非常成功的，无论是营业额的增长还是利润的表现都超出了预期。

三、联想多元化战略：三层产品业务链

(一) 多元化战略的核心理念

联想宣布的战略目标是使联想在 10 年内成为全球领先的高科技公司，进入全球 500 强。在这一"战略"体系中，同时宣布了"联想三层产品业务链"：第一层业务链是提供现金流的台式商用、台式家用、笔记本和主机板业务；第二层业务链是服务器、手持、外设等，支撑未来发展；第三层业务链是所谓的服务类业务，包括信息运营、IT 服务等，这是为了更远期的持续发展需要播种、长线培育的业务。按照联想的战略布署，通过服务助产品增值、产品助服务成长的业务发展策略，同时兼顾这三个层面的发展。

(二) 多元化战略的实施：构建三层产品业务链

第一，联想公司进军 IT 服务业。收购汉普国际咨询有限公司，间接进入服务业。签约浦发银行，收购中望商业机器公司等，这标志着联想集团在电信领域实现了业务的重大转折，由一个电信行业的硬件设备供应商转变成为全面的 IT 服务提供商。

第二，进军移动通信业。成立一家新的移动通信公司，联想品牌手机正式问世。

(三) 多元化战略的实施效果：进退维谷

第一，新业务的核心竞争力未能形成。联想实施多元化战略，四面出击，却伤痕累累。不仅仅在手机领域遇到了挑战，联想多元化所涉足的领域，每一个产业都变成了一场艰难的国际化搏斗。IT 服务之路上 IBM、惠普已是虎狼之师；企业信息化路上，IBM 等强势出击。尽管通过迅速而密集的并购和引进，联想的 IT 服务业务基本完成"三横四纵"的业务布局，但这依然难掩 IT 服务业务的困境：中国 IT 服务市场的大环境不好，同质化竞争导致利润太低，用户不够成熟，市场不够大，以及强大的国际竞争对手。此外，其对于集团利润的整体贡献率过低。

第二，传统 PC 业务的霸主地位受到严峻挑战。联想在新业务领域的优势未

能培育起来，原来在国内 PC 市场的霸主地位却受到严峻挑战。尽管目前联想的市场份额占据国内个人计算机市场的前列，但仍然面对国内外其他品牌的咄咄逼人之势。

四、联想的移动互联网战略

联想向外界展示了三款具有革命性的新产品：智能本、智能手机乐 phone 和双模笔记本电脑，并向全球公布了酝酿多年的移动互联网战略"乐计划"。

联想的移动互联网战略，就是要开发更先进、更完整的移动互联网系列终端产品，并适用于最流行的网络应用，从而给用户带来最佳的端到端的互联网体验。即携手中国顶级的互联网厂商，把传统的互联网服务做到最好；最佳的用户体验；从服务到应用到终端系统，进行整个一体化的设计，从而能够更好地满足用户需求。这是联想在移动互联网上的战略，这也是联想战略管理破局的关键。

第六节　阿里巴巴的战略布局

阿里巴巴创立之初，就确立第三方 B2B 电子商务平台发展战略，为国内中小企业拓展国内、国际市场立下了汗马功劳。阿里巴巴的发展，硕果累累：遥遥领先于竞争对手，成为世界 B2B 第三方电子商务平台的旗帜；成功上市，成为中国市值最高的互联网企业；世界上销售收入最大的第三方电子商务平台；拥有世界最多的 B2B 电子商务注册用户。由 B2B（阿里巴巴）、C2C（淘宝网）、B2C（天猫）、购物搜索（一淘网）、云计算（阿里云）组成了一幅清晰的电子商务生态系统大图。

所有这些都证明了阿里巴巴战略管理的成功。我们梳理阿里巴巴的战略布局，试图寻找其在战略管理上的成功之处。

一、战略管理切入点精准

阿里巴巴成立初阶段，充分分析了当时的市场环境，准确确定目标市场，并把握市场需求，制定服务提供策略，以中小企业而不是大企业为切入点，进军电子商务。

充分研究当时的中国市场现状，决定从信息流做起，并全部免费服务，为广大中小企业提供免费供求信息，坚持免费政策，使阿里巴巴在短时间内聚集了大量供求信息和人气。

在获得初步发展的基础上，阿里巴巴准确把握住电子商务发展的关键环节——诚信问题。为了降低诚信问题导致的交易风险和成本，阿里巴巴创造性地推出诚信通服务，从五个方面评价信用。

同时，网商要付费购买诚信通服务，这样使得其打造了另一条盈利之路。最终，阿里巴巴在解决了 B2B 领域诚信问题的同时，也开辟了一条新的盈利途径，为阿里巴巴的发展提供了资金支持。

二、横向一体化战略管理

首先，阿里巴巴集团在 B2B 业务做大做强的基础上，充分挖掘资源价值，并充分分析市场环境，果断进入 C2C 领域。依靠免费策略和正确的营销策略，获得了巨大的市场份额。如今淘宝网正朝着"商业零售帝国"的目标进发。

其次，阿里巴巴对外发布了自己的软件服务业务——阿里软件，满足中小企业的需求。这使得阿里巴巴集团可以为中小企业提供更大的价值，使得其对阿里巴巴的黏性更强。

三、纵向一体化战略管理

阿里巴巴在充分采用横向一体化战略的同时，也充分采用纵向一体化战略，扩展至支付宝和搜索领域。

为了能够解决网络支付安全的问题，阿里巴巴推出独立的第三方支付平台："支付宝"，正式进军电子支付领域。

阿里巴巴并购中国雅虎是最能直接体现出其纵向一体化战略的举措。不仅获得世界上顶尖的搜索技术，更控制了电子商务上游产业链，使其整体发展更具有便利性。

四、双向战略实现产业链协同

阿里巴巴以 B2B 业务为切入点，通过横向和纵向一体化战略的结合，使其构筑了 B2B、C2C、软件服务、在线支付、搜索引擎、网络广告六大业务领域的电子商务生态圈，全面覆盖中小企业电子商务化的各大环节。整个商业生态圈的六大环节之间相互作用、相互影响、相互支撑，通过资源的整合应用最终发挥最大价值，实现了产业链的协同，也再次验证了阿里巴巴战略布局的前瞻性和价值性。

五、阿里巴巴战略保障管理体系

对于阿里巴巴来说，能够保障其企业战略顺利执行的关键在于其内部创新文化和外部顾客视角的内外兼修。即品牌内化策略；正确的竞争策略；优秀的战略实施者。正是由于这些，使得企业整体战略得以落地并有效执行，为阿里巴巴创新型商业生态圈的构建提供了坚实的基础。

六、阿里巴巴的组织变革——不断划小经营核算单元

经过前几次的战略调整，对于怎样让战略落地，阿里巴巴已经越来越有感觉，开始将重点转向组织、文化、人才层面的原因。

2013 年，马云卸任阿里巴巴 CEO 之前，对现有业务架构和组织进行调整，将阿里巴巴集团原来的事业群更加细分化，将 7 个事业群拆分为 25 个事业部，即不断划小经营核算单元。

原有 7 个事业群，是按照对外品牌业务来划分，最新的 25 个事业部，则是

按照生态系统中的关键环节来划分。这 25 个事业部内部还可以继续划小经营核算单元，事业部的业务发展由各事业部总裁（总经理）负责。

马云本人在内部邮件中说，阿里集团希望各事业部不局限于自己本身的利益和 KPI，而以整体生态系统中"各种群"的健康发展为重，能够对产业或其所在行业产生变革影响。

七、阿里巴巴的经营战略——培养集团内部一大批经营人才

2013 年，阿里巴巴集团进行了两次组织架构调整，目的是拆分出更多的事业部，通过让事业部独立经营，培养集团内部一大批中高层管理经营人才。

马云在名为"变革未来"的内部邮件中称，"本次组织变革的一个方向是把公司拆成'更多'小事业部运营，我们希望给更多年轻阿里领导者创新发展的机会。这也是为了面对未来无线互联网的机会和挑战，同时能够让我们的组织更加灵活地进行协同和创新。"

各个事业部经营者发挥自身的主观能动性，为自身的经营思考应对措施，无形中分担了集团的经营压力，而且各个事业部之间互相促进，形成良性竞争，也给企业带来新的活力和经营思维。

本章回顾

※ 在战略管理上，华为采取战略措施进行战略布局：坚持管道战略、加大技术研究领域的投入、优化组织构架，进一步增强一线人员的权力和灵活度。华为与时俱进地调整着战略，这也许是在行业前列的几位巨头之中，华为一枝独秀、分外妖娆的根本原因。

※ 苹果公司借力几款明星产品销售额迅速增长，公司利润率持续处于行业内高水平，稳居福布斯全球高绩效公司榜单，成功实现了文化、产品、品牌和口碑之间的良性循环。苹果公司今天的辉煌，其实应归功于其战略管理。

※ 三星巨大成功的秘诀何在？其实，三星品牌之所以能够迅速成功，主要

依靠三星的全球化品牌战略管理，以及其背后的三个重要因素：产品的领导性、系统性的品牌管理和差异化营销模式。

※ 海尔的成功正在于战略更替和转移的成功，在于它能够根据内外部环境的变化，不失时机地以新的战略替代旧战略，实现不同阶段上的战略转移。

※ 联想经过几年的摸索、实践甚至于失败，最终在战略管理上形成了卓越的能力。联想的战略管理模式具有显著的示范意义。

※ 阿里巴巴的快速发展和成功上市，证明了阿里巴巴战略布局和战略管理的成功。

第五章
战略管理的最佳实践方法

【章节导读】

战略领先一步，竞争更胜一筹。战略管理水平很大程度上决定了公司的运营业绩和长期价值的提升。

战略管理是企业活动聚焦于战略、为谋求发展而采取的一系列重大管理决策与行动方案，贯穿于企业活动的始终，并落实到组织的每一个层级。战略管理是一个围绕战略目标达成而不断循环的动态管理过程，这要求战略管理人员具备相关的综合素质，需要了解战略管理的最佳实践方法和案例。应将标杆企业作为追赶目标和学习的方向，借鉴最佳实践做法。

本部分我们按照战略管理的"部门职能规划与组织保障、队伍建设（战略管理人才队伍）、战略管理机制建设"来介绍最佳实践方法和案例；技术上从"战略规划管理、战略实施管理、战略绩效管理"三个维度系统介绍最佳实践方法和案例。

第一节　战略管理的组织保障

随着企业的快速发展，企业对战略规划和战略管理越来越重视，在战略规划和战略管理方面投入大量的时间和精力，甚至许多企业在董事会下设置了战略管理委员会，但是，所取得的成效却微乎其微。战略管理的核心职能缺失和制订战略规划的目的偏差，导致许多企业盲目发展和扩张，难以形成核心竞争优势，最终错失了战略机遇，丧失发展窗口期和动力。

大量的企业实例说明：战略规划和执行之间普遍存在脱节，成功的战略选择并不能保证企业在竞争中获得成功，必须在战略管理上做到卓越。而战略管理最重要的是从组织上确保战略管理的核心职能设置与规划，这是企业战略落地的基本保证。

一、设置战略管理职能部门的必要性

在大多数公司里，公司内部的战略执行流程如下：首先，从高层领导团队开始、CEO 和管理团队一起开会，明确公司的战略愿景，并修正战略规划；其次，各个业务单元和职能部门在主管的领导下，分别制订各自的战略规划；再次，由财务部门确定全公司及各部门的年度预算和经营目标；最后，年终战略绩效评估。

这种战略管理方式的问题：部门职责上的分割导致公司的战略与流程、制度和人员脱节；缺乏公司整体战略的指导，导致战略在各个执行部门被割裂。

因此，企业有必要建立一个战略管理部，从而对"战略规划、战略实施、战略绩效评估"进行集中的专业化管理，使其在战略管理中承担更多的责任。建立战略管理部门会帮助企业高层团队确立公司的竞争优势，实现公司的可持续发展。

例如，海尔集团的组织结构进行过多次调整，在每次调整中始终设置并不断健全战略管理部门，目前其组织结构最高层——海尔集团董事局直属部门只有两个，其中排名第一的就是"战略决策委员会"。这充分证明了设置战略管理部门的必要性和重要性。

二、战略管理部门的职能定位

战略管理部门是专门负责战略管理的职能部门，通过建立战略管理部门的职能定位，并根据职能定位分析战略管理部门人员应当具备的基本能力。战略部门往往由一个层次很高的经理，甚至总经理、董事长亲自掌握。当今世界几乎所有的大型企业、跨国公司都设置并长期设置战略管理部或战略发展部，有些企业设置了"企业运管中心"，无论设立战略管理部门的组织形式如何，其战略管理的核心职能不能缺失。

战略管理部门的主要职能有以下几点：

（一）为战略决策提供有力支持

首先，监测企业内外部环境变化、关注行业及技术发展动态，负责收集相关信息并进行分析；其次，就企业发展战略的重大问题进行专题研究；再次，负责起草企业发展战略方案；最后，为战略的调整或变革提出建议。

（二）组织编制战略规划和导入战略项目

战略确定了企业发展方向和目标，战略对企业经营发挥作用还需要战略管理部门编制详细的战略计划和战略项目。

组织内部相关部门或外部专业机构协助编制战略规划和导入战略项目。结合公司实际情况，设定并导入合适的战略项目。战略项目是战略实施与落地的载体和平台。

（三）战略管理沟通（内部沟通和外部沟通）

公司希望员工在战略执行过程中发挥作用，就要向员工有效传达公司的战略。在制订战略沟通计划时，战略管理部门需要考虑沟通的目标、对象、深度、时间阶段等。

内部沟通，主要是企业内部战略的发布、宣贯、保密等沟通。企业需要建立健全规范公司会议系统，使公司各种战略规划信息能上传下达，相互协调，围绕企业各项战略指标的完成统筹执行。通过月会、周例会、调度会、座谈会、班前班后会等形式，快速地将战略规划信息进行有效的传递，使大家按计划有条不紊地进行，步调一致，方向目标明确，提高工作效率和效能，使战略目标完成得到保障。

外部沟通一是通过公共关系手段，利用大众传媒、内部刊物等途径，与客户、政府职能部门、金融机构等建立良好关系，争取社会各界支持企业战略规划，创造好的战略发展氛围；二是企业进行科学合理的战略管理传播，树立良好企业形象，提高企业的知名度、美誉度、资信度，为企业腾飞和持续发展提供好的环境。例如，上市公司的外部战略沟通方式选择、内容取舍和审定等。

(四) 建立战略执行文化和战略实施机制

战略管理部门通过建立战略执行文化，以此影响和规定公司员工思考、行为及行动的方式，促使战略实施、战略绩效评估的有效落实。

(五) 监督战略实施进度，并对战略实施绩效进行评估

战略管理部门始终监督战略项目的进展情况，并及时向公司高层汇报，也要对战略项目进行评估，并重新调整战略重点。

(六) 战略修订管理

每年依照企业内外部的竞争环境变化、战略资源变化和阶段性战略目标的实施进度现状，发起战略修订或战略目标调整等工作，从而审定各业务板块或下属公司的有关经营考核指标和战略修订的申请。

【案例】

阿里巴巴调整组织架构，成立新的战略管理部门

2013 年 1 月，阿里巴巴集团开始对集团现有业务架构和组织进行调整，成立 25 个事业部，具体事业部的业务发展将由各事业部总裁（总经理）负责。

阿里巴巴新的管理体系由战略决策委员会（由董事局负责）和战略管理执行委员会（由 CEO 负责）两个核心单元构成。集团战略管理执行委员会相关成员代表集团层面，分别分管相关联的业务事业部。

战略委员会讨论更多的是全集团方向。在战略决策委员会成立以前，阿里巴巴每一次的战略调整也是几位高管坐在一起讨论，最后由董事长马云拍板，交给下面人去执行。与以往的集权时代相比，战略决策成员融入了更多新鲜血液，首先是 25 个事业部的负责人，再加上原来的老成员，最终的战略决策团队接近 50 人。

阿里巴巴集团此次调整的核心在于，确保以电子商务为驱动的新商业生态系统全面形成，以及适应互联网快速变革所带来的机遇和挑战。

第二节 战略管理人才队伍建设

企业要摆脱战略管理缺失的困境，需要按照市场化、职业化和专业化的要求，以提高战略决策、战略管理创新和战略管理能力为核心，加强企业战略管理人才队伍建设。

一、战略管理人才队伍建设的目标

在战略管理人才队伍建设上，以提高战略管理水平为核心，以领军人才和中层中坚力量为重点，以优化队伍结构为目标，加快推进人才知识化、年轻化和专业化，培养造就一支具有战略思维、精练高效、职业素质好、战略意识强、熟悉战略管理规则，在战略管理和战略项目运行方面具有较高造诣的人才队伍。

吸引、凝聚和留住战略管理人才，充分调动和发挥他们的聪明才智，对企业的战略管理、可持续性发展具有重要的意义。

二、搭建战略管理人才的管理体系

战略管理人才是企业竞争能力和经济效益的主要创造者。他们拥有杰出的战略管理才能、高超的专业技术能力和丰富的战略管理经验。根据战略管理的需要，企业需要对战略管理人才进行识别，并将其作为人力资源管理的重点关注对象进行规划和培育、开发，从而搭建起战略管理人才的管理体系。如图 5-1 所示。

1 建立战略管理岗位评判体系，确定谁是战略管理人才

战略管理岗位的评判因素：
①岗位的决策地位
②岗位的战略地位

建立战略管理岗位基础数据库：
①战略管理岗位目录
②战略管理岗位在岗人才状况

2 建立战略管理人才的储备和发展体系

建立战略管理人才储备体系：
①战略管理岗位储备
②通过选拔优秀员工进行储备
③建立动态战略管理人才储备计划

建立战略管理人才发展体系：
①加强对战略管理人才的培训
②加强战略管理人才的职业发展规划
③建立战略管理人才继任计划

3 建立向战略管理人才倾斜的激励体系

薪酬体系：
①建立体现岗位价值的薪酬体系
②拉大不同岗位价值对应的薪酬差距
③加大薪酬与业绩挂钩的幅度

绩效管理体系：
①加强对战略管理人才的绩效管理
②建立量化的 KPI 考核体系

图 5-1 管理体系

三、战略管理部门人员能力需求

战略管理者的特征是用战略思维进行决策。战略管理部门的职责是确保正确地制定、实施和调整战略。战略管理部门的人员必须具备多方面的能力。

(1) 战略管理能力：包括为组织指明方向、开发战略而进行有关信息的收集、分析、决策与沟通，制定能够取得突破性成果的战略。能够明察秋毫，及时发现战略管理中的问题，解决这些问题，抓住这些问题的关键点。

(2) 战略执行能力：战略执行是为实现企业战略目标而对战略规划的执行。战略管理人员在明晰企业战略目标后，就必须专注于如何将其落实转化为实际的行为并确保实现。

(3) 战略管理能力：战略发布、战略沟通、战略修订、战略评估、战略绩效考核等综合管理技能。

(4) 沟通、领导能力：培养战略管理团队沟通能力和项目管理能力。

(5) 业务理解能力：战略团队需要深入业务以便了解业务真谛。

(6) 企业文化力：协同 HR 部门推进公司战略执行的企业文化。

(7) 战略规划工具和方法论：引入战略规划工具，并指导下级单位应用，制订战略规划内容框架和模板。

在为战略管理部门配备人员时，应该注意战略管理人员能力的合理搭配，使战略管理部门整体上满足以上能力，从而提升战略管理人员的能力素质。

第三节　战略动态管理机制建设

战略动态管理机制是通过跟踪企业战略的内外部重大环境因素变化，所进行的"战略实施、战略评估、战略调整和制定新战略"等方面的活动，是一个不断循环的动态管理过程。企业通过建立战略动态管理机制，制定系统化的战略决策和控制流程，保证企业在面对内外部重大环境或战略资源变化时，能及时修正战略，规避战略僵化风险和原生风险。

建设战略动态管理机制，实现战略管理的良性循环，在组织上，需要公司决策层、职能部门、各业务单元（子公司）相互配合，建立沟通顺畅的信息传递通道，自上而下地落实战略，自下而上地反馈战略，上下结合协同更加有力；在流程上，需要在每一层级使战略制定更科学、战略实施更到位、战略评估更合理、战略调整更及时，保证每一层级在战略的制定、实施、评估、调整环节能够实现动态协调、科学管理、持续改进。纵向的层级推进保证了组织聚焦战略谋发展，横向的流程完善保证了战略在同一层级的有机协同和相互配合，层级中有流程的逻辑，流程中有层次的架构，共同构成了建设战略动态管理机制的必要条件。

战略动态管理机制，如图 5-2 所示。

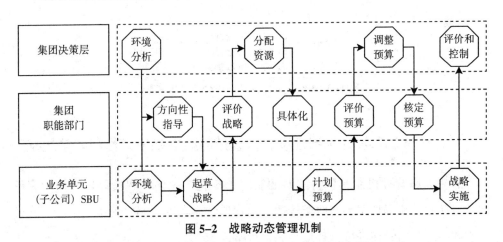

图 5-2 战略动态管理机制

一、根据内外部环境的发展变化，制定企业战略

在集团公司层面，集团根据内外部环境的发展变化，利用 SWOT 分析矩阵，综合分析公司内部的优势、劣势，以及面临的机遇和威胁，从而制定和实施正确的企业战略，并根据实践活动，不断丰富和完善战略内容；以战略为指导制订五

年规划，规划执行中期进行评估和调整；规划期结束时进行评估并成为下一期规划制订的依据。在业务单元（子公司）层面，召开战略研讨会和战略评估会，分析企业内外部环境，客观地评估自身的优势与不足，确立三年或五年滚动发展思路和年度经营计划，并以此指导企业的生产和经营活动。

企业外部环境诊断，主要采用"PEST 战略外部环境分析基本工具"，如图 5-3 所示。

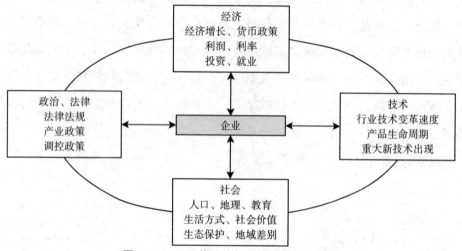

图 5-3　PEST 战略外部环境分析基本工具

二、战略动态管理机制建设，需要适时而准确地评估和调整战略

战略动态管理机制，即将战略的制定、实施、评估和调整等环节作为完整的、一体化的流程加以动态协调管理，实现科学而合理地制定战略、全面而有效地实施战略、适时而准确地评估与调整战略。

科学而合理地制定战略是实施战略管理的重要前提。战略制定需要通过内外部环境的科学分析，在找出企业所面临的外部机会与威胁、内部优势与劣势的基础上，对战略匹配进行深入研究，对各个备选战略综合考虑，寻求能最大限度利用内部优势和外部机会，并尽可能地减少内部劣势和回避外部威胁的方案，从而使企业能够更有效地分配资源，并营造相对于其他对手的竞争优势，获得可持续发展。

适时而准确地评估和调整战略，主要涉及的是如何帮助管理层对战略管理过程中的各项活动进行监督、检查、指导、调节与校正，以确保战略管理过程能够按照预订计划进行，从而实现整个组织的预期战略目标。通过评估结果与预设标准的比较，会发现战略实施过程中所存在的差距。同时，能够根据形势的发展变化，与时俱进地进行战略情境分析，在必要的时候，重新科学而合理地制定符合当时战略情境的新战略，实现战略管理在流程上的良性循环。

三、战略动态管理机制建设，需要层次清晰

战略动态管理机制建设，需要层次清晰，从组织层次上自上而下分解战略、落实战略，自下而上地反馈战略，实现战略管理在层次上的良性循环。

通过建立起层次清晰的集团公司总体战略、业务单元（子公司）业务经营战略，并借助战略管理工具，将各层次战略通过三年滚动计划、五年规划、年度计划的细化与分解，把每一层次的战略转化为实际可操作性的行动计划和考核指标。

集团公司层面负责总体战略和相应的职能战略，总体战略主要致力于把握大局和方向，关注集团公司的定位和长远发展，对内协调业务选择，合理配置资源，形成协同效应；对外做好外部利益相关者的沟通和整体价值创造。集团总部各职能部门制定职能战略，主要关注集团公司资源、人力、财务、信息化等相关领域如何统筹规划和协调，保障集团公司总体战略的实现。业务单元（子公司）作为利润中心，在集团战略的统领下制定相应业务板块的业务经营战略，并负责战略的实施。

【案例】

波音公司的战略管理，从流程上致力于清晰地表述战略、运用多种媒体传播战略，不断明确战略如何实施，适时地审议战略执行情况；从层次上，

运用各种工具将宏观战略转化为各业务单位和部门具体可操作性的行动计划、清晰简明的业绩目标，并通过综合的传播模式保证战略信息传递的连贯一致，对外向政府、投资者、媒体传播战略；对内使各业务单位、部门、员工接受并践行战略。

四、战略动态管理机制建设，需要重视企业文化管理

战略动态管理机制建设，需要将对战略的认知理解，由个体观念聚合升华为企业文化，使战略执行由员工基于个体观念的"自发"上升为企业文化潜移默化下的"自觉"。通过促进集团上下达成战略共识，使各级管理者和员工在了解发展方向和战略意图的基础上，自觉地将自己的工作融入到战略行动之中，推进战略管理的良性循环。

【案例】

某国有企业如何推进战略管理的良性循环

A公司是一家大型国有企业，具有完善的战略管理体系，从空间的维度看，层次清晰，在流程上包括了制定、实施、评估和调整等环节，在架构上包含了集团公司、直属单位、成员单位等层次。通过把握机遇，不懈努力，推进战略管理的良性循环，该公司能立身翘楚，从优秀迈向卓越。

（一）健全战略管理体系，为公司从优秀迈向卓越奠定基石

A公司提出了发展战略，集团公司上下聚焦战略谋发展，构建核心竞争力，使公司在金融危机的冲击下仍逆势反转，保持了两位数的增长。而如何保持当前战略管理的良好势头，如何保证在战略转型的深化、攻坚中继续乘风破浪，是该公司深入思考的问题。

A公司在长期实践中已经具备了战略管理体系的雏形框架，积累了有益

的经验。在集团公司层面，集团根据内外部环境的发展变化，适时地思考制定发展战略，并根据实践活动，不断丰富和完善战略内容；以战略为指导制订五年规划，上下结合编制集团公司规划；规划执行中期进行评估和调整；规划期结束时进行评估并成为下一期规划制订的依据；每年通过年度计划的形式，将规划转化为下属单位可执行的经营计划和考核指标。在所属单位层面，许多单位结合自身的特点，开展了各具特色的战略管理工作。这些单位每年召开战略研讨会和战略评估会，分析企业内外部环境，客观地评估自身的优势与不足，确立三年或五年滚动发展思路和年度经营计划，并以此指导企业的生产和经营活动，取得了良好的成效。

A 公司战略管理体系的构建工作已经具备良好基础，但是流程上的制定、实施、评估和调整尚未形成有效的闭环管理，尤其在战略控制与反馈机制方面需要进一步加强；在不同层次，上下结合的协同力度尚显不足。

（二）A 公司如何制定、评估与调整战略

A 公司在分析内外部环境并以对战略情境独到的把握、结合对过去实践行动和经验总结的基础上，经过集体的深思熟虑、反复酝酿，审时度势提出了发展战略，回答了公司向何处去、做正确事的问题，为实施战略管理奠定了良好的基础。基于战略转型的需要，A 公司构建了基于战略管控的母子公司组织模式作为落实发展战略的有力举措。

评估与调整战略环节是 A 公司当前在战略管理中较为薄弱的一个环节，能否加强并改善这个环节的工作是 A 公司成功构建战略管理体系的关键。A 公司引入综合平衡计分卡为工具，全面、客观地反映集团经营业绩状况和战略实施的效果，为战略的调整提供依据，使总部及各单位能够快速、全面地了解掌控现状和未来，及时调整战略以适应新的发展需要。

（三）建立健全战略管理体系要求层次清晰

集团总部层面负责总体战略和相应的职能战略，总体战略主要致力于把握大局和方向，关注集团公司的定位和长远发展，对内协调业务选择，合理配置资源。

A 公司总部职能部门制定职能战略，主要关注集团公司资源、人力、财务、信息化等相关领域如何统筹规划和协调，全集团公司必须统一在总体战略的部署下，把握各自定位，既能当好主角也能当好配角，齐心协力推进集团公司总体战略的实现。

直属单位是板块业务的经营主体，直接面对市场，其业务经营战略主要关注市场竞争情报研究，市场竞争环境的分析，创新能力体系建设，加强对供应商的管理能力，在集团公司战略的总体部署下，拓展新业务、新领域。

成员单位层面负责各自的专业化运营战略。成员单位在实现卓越运营的同时，积极关注新兴业务发展的机会，及时总结在践行集团公司战略过程中取得的成绩以及存在的问题，通过自下而上的反馈，实现战略管理在层次上的良性循环。

第四节　战略规划管理最佳实践方法与案例

企业战略规划是指依据企业外部环境和自身条件的状况及其变化而制定和实施战略，并根据对实施过程与结果的评价和反馈来调整，制定新战略的过程。企业战略规划可以由企业自主完成，必要时邀请专业管理咨询公司操盘完成。

一个完整的战略规划必须是可执行的，它包括两项基本内容：企业发展方向和企业资源配置策略。随着竞争环境的快速演变，企业战略规划从曾经的五年规划、十年规划，逐渐演变成需要企业高层拥有的一种常态意识，需要随着新技术的进步、新模式的发展而对企业战略进行调整。

一、战略规划制订的方式

战略规划制订的方式主要有：企业领导层授意；自上而下逐级制订，这种方式在很多企业里都运用；自下而上，以业务单位为核心制订；企业总部建立战略管理部门，由战略部门制订；企业因内部专业力量不足，与外部专业咨询机构合作制订。

在实际制订战略规划的过程中，往往是几种方式相互结合在一起而操作的。具体问题具体分析，运用一切可用资源制订战略规划，以实现战略目标和重点。

二、成功的战略规划的基本要素

成功的战略规划的基本要素包括：以业务单元为中心；效益驱动；企业高层领导的重视；由负责实施的人来领导；渗透到组织的各个级别之中；完善的数据资料。

（1）之所以以业务单元为中心进行战略规划，一是，业务单元具有一个明确的市场定位，如客户、技能与经营水平、产品与服务、竞争者、地理位置等；二是，业务单元掌握其业务系统内的重要职能；三是，业务单元负责制定其经营战略和实现经营目标；四是，业务单元对集团公司负有利润效益的责任，以及完成经营效益财务和市场业绩方面的目标；五是，业务单元在集团公司政策允许下拥有关键性的财务和人员决策权。

（2）效益驱动战略规划。战略规划的效益优先原则，促使企业管理者不仅关注企业的当期效益，而且更加关注企业的长远发展。

（3）企业高层领导的重视。企业高层领导在战略规划中是推动和指导的角色。企业高层领导需要积极参与战略规划过程，指导战略的制定，创造严格的质询环境。

（4）由负责实施的战略管理部门或战略管理者，具体领导战略规划制订流程。

（5）经营单元的负责人，需要参与制定经营单元的整体发展方向，从公司整体考虑协助制定公司战略，实现经营目标责任渗透到组织的各个级别之中。

（6）优秀的公司依靠完善的数据资料制定战略和业绩目标，并加以战略评估。

【案例】

微软公司的战略规划

作为世界上排名前列的高技术公司，微软公司多年来一直执行规范的战略规划过程。在微软，战略规划过程的历史可以追溯到 1994 年，这家快速发展的公司聘请了原宝洁公司的一位高管担任首席营运官。当时，微软的最高管理者比尔·盖茨，对于公司内部缺乏运营效率和协调的状况越来越不满，他们决心着手解决这一问题。

这名首席营运官的专长之一是战略规划，而在他加入之前，微软在这方面几乎是空白。微软公司希望有一个更为规范的战略规划过程，需要一份关于未来的计划来规划业务的战略、集中产品开发的力量，为这些业务配置资源。此外，微软公司还需要为其新业务和手持电脑业务制订计划。

经过一段时间的战略研究，最后达成的是一项 3 年期战略规划。根据微软公司的战略与目标，它比较了各事业部与单位今后的绩效并据此决定未来的资源配置。这一战略规划建立在标准规范基础上，从而可以很容易地对不同业务单位和事业部的绩效数据进行比较。战略规划数据包括了未来 3 年和以后的市场份额、收入和利润的假设，以及一份主要战略和目标的陈述。

每年，微软公司最高层经理和事业部经理在战略规划评估会议上，都会对业务单位的战略进行推敲。通常由业务单位经理们提出战略，最高层经理则"详尽考察"业务经理们的战略思考，要求他们证明自己的假设，然后据此批准、修改或否定这些单位战略。比尔·盖茨通常会参加的例行的战略会议，围绕战略又会发生诸多辩论。

微软公司制订的战略规划，是最高层经理与业务单位经理密切对话的产物。由于业务单位经理对于战略计划中所做的承诺了然于心，战略计划不仅具有资源配置的作用，同时也成为一种控制机制。许多新业务、新产品和收购方向的战略思想并不来自最高层的管理者；相反，它们来自业务单位内部的雇员，并且在经过审查后得以实施。

第五节　战略实施管理最佳实践方法与案例

战略实施是战略管理过程的行动阶段，表现为一个组织的运营流程及能力，这些需要根据组织的既定战略进行有效的管理。另外，战略实施不是按图施工的过程，它对战略管理者有着特定的要求，如管理者必须具备战略实施的领导能力，能够推进和监督企业战略的顺利实施，并进行充分的准备等。

一、战略实施情景规划

为保障企业战略目标达成和战略规划的顺利实施，需要为企业规划出不同战略情景，以及相应的"战略实施要点"。如图 5-4 所示：

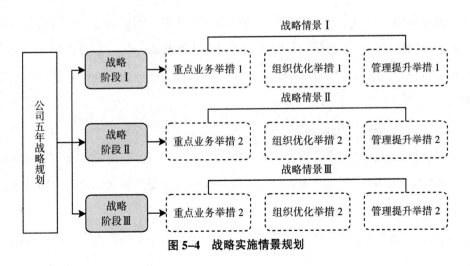

图 5-4　战略实施情景规划

二、战略实施管理最佳实践做法

战略实施是将战略落到实处，将战略付诸行动，把公司总体战略、业务单元战略和职能战略中所确定的事项从总体上做出安排。

战略实施是战略管理中最复杂、最耗时也是最艰巨的工作，是一个自上而下的动态管理过程。所谓"自上而下"，主要是指战略目标在公司高层达成一致后，再向中下层传达，并在各项工作中得以分解、落实。所谓"动态"，主要是指战略实施的过程中，常常需要在"分析—决策—执行—反馈"的不断循环中达成战略目标。

战略实施有四个主要阶段：

（一）对企业战略目标进行分解

企业战略制定以后，首先需要将战略目标进行分解，将总体战略目标分解为各年年度战略目标，然后再将年度战略目标分解为季度目标、月度目标；将企业战略目标分解为部门战略目标，部门将目标层层分解到个人。战略目标分解使得企业各部门、各层次人员对企业的战略有清晰、明确的了解，同时明确了个人的目标，将员工的奋斗目标与企业的战略目标紧密地结合起来。

战略目标分解可借助于战略地图，战略地图是指导企业落实战略的最重要工具。在绘制战略地图时，必须包括财务、客户、运营和成长四个维度，然后将战略目标分别纳入到四个维度中，形成战略地图的雏形。然后通过对在战略地图中分布于不同位置的战略目标进行因果和支撑关系的分析，进一步筛选和补充相应的战略目标，并通过连线显示彼此间的关联，最终为企业建立一个系统性的战略组合。

（二）制订战略实施计划

战略目标分解及实施过程是一个目标管理的过程，需要通过动态的 PDCA 循环。战略实施计划对于战略能否成功实现具有相当重要的意义，战略实施计划确保战略目标的实现。

首先，将战略分解为几个战略实施阶段，每个战略实施阶段都有分阶段的目标，相应的有每个阶段的政策措施、部门策略以及相应的方针等。其次，制定出分阶段目标的时间表，对各分阶段目标进行统筹规划、全面安排，并注意各个阶段之间的衔接。对于远期阶段的目标方针可以概括一些，但是对于阶段的目标方针则应该尽量详细一些。最后，通过制定年度目标、部门策略、方针与沟通等措施，使战略最大限度的具体化，变成企业各个部门可以具体操作的业务。

(三) 战略实施与运作

企业战略的实施运作主要与六项因素有关，即各级领导人员的素质和价值观念；企业的组织机构；企业文化；资源结构与分配；信息沟通；控制及激励制度。通过这六项因素使战略真正进入到企业的日常生产经营活动中，成为制度化的工作内容。

(四) 战略实施的控制与评估

企业战略是在环境的变化中实践的，企业只有加强对战略实施过程的控制与评价，才能适应环境的变化，完成战略任务。这一阶段主要是建立控制系统、监控绩效和评估偏差、控制及纠正偏差三个方面。

战略实施计划进行评估的主要步骤如下：

(1) 根据战略规划和实施计划，设定各个短期目标的关键绩效考核指标 (KPI)；

(2) 根据设定的关键绩效考核指标，评估重点，包括计划完成的及时率、执行结果与预期的差异等情况；

(3) 根据评估的差异状况，分析产生差异的原因，确定影响差异的因素是否可控；

(4) 针对影响战略计划实施的可控因素，采取改善措施，保障战略实施计划的落实。

如果需要对战略进行调整改进，则可以按以下步骤进行：

(1) 了解并分析战略执行现状；

(2) 根据战略评估结果，找出战略执行差异的原因；

(3) 辨识导致战略执行发生偏差的主要内、外部因素；

（4）提出改进战略的要求，企业高层参与并决策是否改进战略；

（5）制定企业经营战略改进草案；

（6）提交董事会办公/总经办会议讨论通过并执行。

总之，战略实施管理是一个系统的过程。战略目标分解使企业战略从抽象走向具体，从公司层面走向部门层面及个人层面；战略实施计划的制订，使企业战略目标具有可执行性和可操作性；对战略实施计划执行的评估与改进，最终确保企业战略的实现。

【案例】

战略不是"图画"，要在战略实施中进行落实

B 公司是一家大型中央企业，现有 19 家全资及控股子公司，分布在全国 11 个省市。B 公司主要从事铁路机车、客车、动车组等产品的研发、制造、销售、修理业务。

B 公司面对剧烈变化的外部环境和竞争格局，客观分析企业面临的机遇和挑战，探索有效发展路径，分阶段实施四大发展战略，即归核战略——通过整合重组将业务集中到资源和能力具有竞争优势的轨道交通装备领域；强核战略——借引进国外先进技术之力缩短与国际领先企业的技术差距，借资本市场之力实现管理提升和产业升级；造核战略——依靠自主创新实现技术领先，凭借精益管理、集团品牌塑造形成差异化优势，培育核心能力；扩核战略——利用轨道交通装备专有技术优势，向相关产业延伸，培育未来"种子"业务。

但是战略不是"图画"，要在战略实施中进行落实，在战略实施中检验效果。B 公司制定战略时就关注战略实施。战略实施中不是单纯靠行政命令，而是强调"理解执行、分解执行、监督执行"。一是理解执行。理解了才有主动性，才不至于"跑偏"。为了让每名员工都理解公司的战略，公司

要求各层级领导都要带头宣讲公司的战略。从总部来说，战略纲要发布后，集团各层领导要分板块专题讲解。二是分解执行。将战略分解成为中短期规划、年度计划，列入重点工作，形成执行的标准，有步骤地加以落实。三是监督执行。将战略细化成为重点工作，落实到经营责任制和年度绩效考核中进行考核，保证执行的纪律严肃性。

经过高效的战略实施，B 公司实现了战略目标，全面提升了企业核心竞争能力，产品技术达到了世界领先水平，企业综合实力也不断增强。

第六节　战略绩效管理最佳实践方法与案例

在企业战略管理中经常出现这种现象：部门绩效突出，但企业战略目标却未能实现。造成这一现象的根本原因在于战略与绩效管理相脱节，即战略的制定和实施未有效融入绩效管理中，未形成一体化的战略绩效管理体系。

战略绩效管理，即构建基于企业战略为导向的绩效管理系统，它是一项系统工程，在实施战略绩效管理实践过程中企业需要投入大量的资源。

战略绩效管理落地过程中，以下几个环节是关键。

一、明确公司的战略

战略绩效管理的核心是关注战略。明确公司战略，主要是为下一步能够制定出对公司战略形成有效支撑的绩效管理系统，牵引公司的各项经营活动始终围绕着战略展开，从而建立起战略中心型组织。

二、建立绩效管理系统，落实责任机制

绩效管理系统主要包括战略 KPI 等绩效考核内容的设计，即企业依据战略绩效管理制度对上一个业绩循环周期进行定期评估，对管理层和各岗位责任人进行绩效考核，并将考核结果与个人的职业发展、个人能力的提升以及跟薪酬福利等激励机制相挂钩。

三、组织协同

纵向协同主要是指公司目标、部门目标、岗位目标要保持纵向一致，强调指标的纵向分解，即上下级之间的沟通与协同。纵向协同主要涉及组织架构梳理；横向协同主要是指跨部门的目标通过流程的横向分解，强调指标的横向分解，即平行部门或者平行岗位之间的沟通与协同，横向协同主要涉及业务流程优化。

四、建立任职资格系统与能力素质模型

根据组织业绩目标与员工岗位业绩目标，建立任职资格系统与能力素质模型，提高组织和员工的战略执行能力。

五、培育支持绩效管理的企业文化

特别需要做好始终贯穿绩效管理系统每个环节必不可少的绩效辅导与绩效沟通两项工作，做好这两项工作，需要加强企业中高层管理者的领导力。

战略绩效管理是一个重要的战略管理理念，这一理念的落地，需要一套系统、严谨的方法，策略性思维。通过策略思维，战略与绩效管理活动有机地结合起来，个体目标与企业目标有机地联系起来，才能真正体现战略绩效管理的价值。

【案例】

C公司是一家港务集团，为加快港口建设与发展步伐，"十二五"战略规划期间，C公司制定了港口战略布局体系，组成矿石运输系统、集装箱运输系统、石油及油品运输系统等，打造一个生产能力大、功能强、布局合理、分工明确、服务一流现代化港口，构建区域性国际航运中心和物流中心。

为了对公司的长期战略制定实施过程及其结果采取一定的方法进行考核评价，C公司导入了战略绩效管理，具体步骤如下：

第一步：明确公司战略。

C公司实施战略绩效管理，首先进行战略梳理，明确公司战略主要工作，即企业的使命、愿景、核心价值观战略总目标；发展战略；竞争战略；职能战略；等等。

第二步：绘制公司的战略地图。

明确企业的战略目标后，将企业战略所包含的一连串假设转化为一系列具体的因果关系链。通过因果关系链绘制战略地图，描述公司战略及达成战略目标的路径。

如C公司的财务层面，主要是阐明了企业经营行为所产生的可衡量性财务结果，体现了公司对股东价值的增值。

客户层面的重点是C公司期望获得的客户和细分市场，公司如何满足内部和外部客户的需求。

内部运营层面的重点是为了吸引并留住目标市场的客户，并满足股东的财务回报率期望，公司必须擅长什么核心经营流程，并符合公司的核心价值观导向。

第三步：运用职责分析法进行战略主题的识别与分解。

C公司运用职责分析法进行战略主题的识别与分解，从各部门中寻找到能够驱动战略主题与目标的因素。

第四步：明确部门使命。

部门使命是各部门对公司战略的支撑，部门使命必须紧密围绕公司的目标。明确部门使命的过程是与各部门主管反复磋商研讨的过程，部门使命必须让每个部门主管心悦诚服。明确部门使命的同时，C公司对公司的价值链流程进行优化与组织架构梳理。

第五步：落实公司及各部门战略指标。

部门是实现公司战略的各承接主题，C公司在部门战略指标设计时，对年度指标与月度指标等进行综合的设计。最后明确哪些指标放到公司层面考核，哪些指标放到部门层面考核。

C公司通过战略绩效管理的设计，使战略的制定和实施有效融入绩效管理中，形成一体化的战略性绩效管理，帮助企业达成了战略目标。

本章回顾

※ 战略管理是一个不断循环的动态管理过程，这要求战略管理人员具备相关的能力素质，需要了解战略管理的最佳实践做法和案例。将标杆企业作为追赶目标，将最佳实践予以普遍推广。

※ 我们按照战略管理的"战略管理部门的组织建设、队伍建设（战略管理人才队伍）、战略管理机制建设"介绍最佳实践做法和案例；技术上从"战略规划管理、战略实施管理、战略绩效管理"三个维度介绍最佳实践做法和案例。

※ 战略管理重要的措施是战略部门的组织建设，这是企业战略落地的保障。

※ 企业要摆脱战略管理缺失的困境，需要按照市场化、职业化和专业化的要求，以提高战略决策、战略管理创新和战略管理能力为核心，加强企业战略管理人才队伍建设。

※ 企业通过设计战略动态管理机制，制定系统化的战略决策和控制流程，

保证企业能够面对内外部环境变化，及时修正战略，规避战略风险。

※ 战略绩效管理是一个重要的战略管理理念，这一理念的落地需要一套系统、严谨的方法，策略性思维。通过策略思维，战略与绩效管理活动有机地结合起来，个体目标与企业目标有机地联系起来，才能真正体现战略绩效管理的价值。

第六章
战略管理的基本任务

【章节导读】

战略管理是依据企业的战略规划，对企业的战略实施加以跟踪与监督、分析与评估、控制与修订，特别是对企业的资源配置与业务发展方向加以约束，最终促使企业顺利达成企业战略目标的过程管理。

当前，越来越多的中国企业开始关住战略、研究战略和制定战略，说明中国企业已经开始尝试或学会用科学和系统的眼光思考和审视公司发展的未来。其中一些著名企业，如联想公司、平安保险等在专业管理咨询公司的帮助下，学会并掌握了科学和规范的公司战略管理方法。但就国内绝大部分企业而言，它们在公司战略管理的方法和水平上，与国外优秀企业存在很大的差距。

对标一流企业战略管理，我们要了解战略管理的基本任务。战略管理的基本任务主要有：战略管理体系与机制建设；战略规划管理；战略预算管理；战略实施管理；战略绩效管理；战略风险管控；战略评估与修订；等等。

第一节　战略管理是企业的首要管理任务

战略管理是现代企业首要的管理主题，集团战略是集团管控的基础与依据，战略决定了集团对管控模式与运行方式的客观需求。然而，在现实中我们经常遗憾地发现：很多中国企业的集团战略规划沦落为长篇累牍的、最终被锁在文件柜里的文件，集团战略规划文件由于晦涩难懂、长篇大论，更多的时候因为战略规划仅仅是高层领导的一些不符实际的伟大的战略构想，导致战略规划无法付诸实践，而导致战略最终被束之高阁。描述战略、衡量战略、管理战略根本无从谈起，集团的战略执行成为无本之木，战略中心型组织成为无水之源。中国的集团公司，无论是民营还是国有，都实在急需一个简单、有效的工具以实现对集团战略的描述与规划。中国的企业家们需要尽快补上企业战略管理这一课。

当前，集团型企业面临的竞争环境更加多变和难以预测。面对竞争环境的快速变化、产业全球化竞争的加剧、竞争者富于侵略性的竞争行为和挑战，传统战略管理的理论方法无法满足现实商业竞争中企业战略管理决策的需要。于是，近年来一些管理学者提出了新的战略管理理论，即"动态能力论"。战略管理也成为集团型企业的首要管理模式。

战略管理是由战略定位、战略规划、战略预算、战略实施、战略控制五个不同阶段组成的动态过程，这一过程是不断重复、不断更新的，要求企业管理者必须创造性地设计、应用战略管理系统，并且这一系统应该有足够的弹性以适应企业所面临的时刻变化着的外部竞争环境。集团公司要想在激烈的竞争中立于不败之地，应高度重视战略管理理论研究与实践。

第二节 战略管理体系与机制建设

战略管理是提升企业的发展态势、提升企业生命力，以适应社会环境、市场环境的变化。战略管理体系体现在最高层次上，即企业的战略管理是董事长和董事会的职责。企业的战略发展部门隶属于董事会，战略发展部作为董事会的参谋机构，承担着战略管理的主要职能。

一、战略管理体系的平台建设

战略管理体系的内涵包括战略规划体系、战略运营计划体系、战略预算与控制体系三大体系，以及预算执行报告、战略运营报告、战略审计报告、战略绩效报告四大报告。战略管理体系可为企业战略实施和战略落地提供基础保障，通过强化组织结构和核心能力建设，一方面为公司当前的战略规划实施提供支撑，另一方面为公司长远的战略管理汇集能量。如图6-1所示。

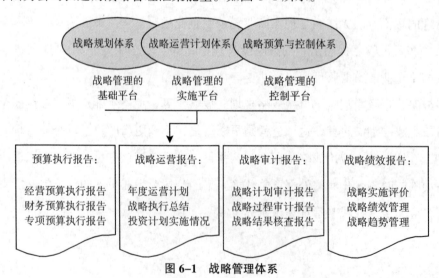

图6-1 战略管理体系

(一) 战略管理的基础平台：战略规划体系

优秀的战略管理与企业战略规划能力，能够让公司清晰产业的发展方向以及竞争对手的状况，做到知己知彼，并为未来的发展指明方向，统一思想与步调，提供经营管理指导，使企业经营有序进行，避免经营风险，减少决策失误、资源投入浪费等。成功的战略管理是公司得以持续发展的基本要素，而建立高效运转的企业战略规划体系是成功战略管理的基本前提。

战略规划体系的工作包括建立全公司的战略规划组织体系，建立战略规划的业务流程与制度，建立战略规划的人才梯队三个关键内容。

(二) 战略管理的实施平台：运营计划体系

首先，战略计划和经营计划的管理控制是整个战略管理体系的重要组成部分。公司战略的规划是利用有限的资源推动企业达到预定战略目标，并使公司向有利于可持续发展的方向运作。

其次，建立正式的战略计划管理体系。战略措施和战略重点的具体落实，需要转换到公司的年度经营计划中，通过具体计划而实施。需要公司内部建立一个战略计划管理体系，以达到驾驭公司战略管理的目的。

(三) 战略管理的控制平台：战略预算与控制体系

战略预算是战略计划工作的成果，既是经营决策的具体化，又是控制经营活动全过程的主要依据。在集团战略管理体系中，更要重视这一点。

从母公司的角度来看，对子公司的控制有两个要求：

一是尽量降低子公司给自己带来的风险。母公司必须在成本允许的情况下对子公司实施严密的控制，以确保子公司按照母公司制定的战略，并且规避一些经营风险。

二是在确保子公司完成战略使命的基础上，使其尽可能地创造更多的价值，避免与母公司的战略规划发生严重的冲突。

战略规划体系、运营计划体系、预算与控制体系这三个体系构成了企业的战略管理体系平台，它是一个企业赖以发展的核心纲领。

二、战略管理体系的支撑点

(一) 战略绩效管理体系

战略绩效管理体系在企业战略的支撑里面首当其冲。战略绩效管理体系的目标是帮助企业进行战略的规划、确定和执行,成为企业战略管理的助手。只有形成了战略绩效、组织绩效、个人绩效三个层次,则对于企业战略管理来说才是一个重大支撑。

(二) 业务管理体系

业务管理体系是一个以一年为一个循环、以每季度每月度为一个小单元的管理体系,是可以作为战略、计划、预算、绩效,乃至更多内容的管理平台。它构造了严密而有效的战略实施系统,保证总部制定的任何战略都可以转化为实际行动。它也是一个开放的制度化平台,来自总部和各个业务单元的高层领导、中层经理和员工都会在这个制度化平台上针对战略实施情况,对比差距、交流和分享成功的经验和措施。

(三) 风险管控体系

纵观大型企业经营管理安全,我们不难发现,他们之中的大多数企业的经营无不存在着这样或那样的风险。不是这些企业发现不了风险,而是很多人抱着侥幸心理,对风险的预测、防范和管控没有引起足够的重视,当然,企业内部的风险管理体系建设和风险管控能力滞后是企业丧失对风险的防范和抵御能力的客观原因。

从风险管控体系建设的专业角度,我们通常将一个企业的风险分为两个维度:①内部风险和外部风险;②客观风险和主观风险。

如图 6-2 所示,通常我们可以将一个企业的风险类型分为五种常规类型 (不同行业和不同企业其分类方法将会有较大区别)。

企业在建设风险管控体系过程中,应根据企业自身的行业特点和管控现状,有针对性地制定科学、系统、有效的建设策略,为企业经营安全切实构建起 "防火墙"。

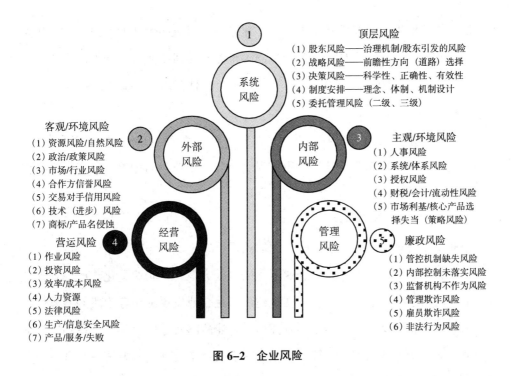

顶层风险
(1) 股东风险——治理机制/股东引发的风险
(2) 战略风险——前瞻性方向（道路）选择
(3) 决策风险——科学性、正确性、有效性
(4) 制度安排——理念、体制、机制设计
(5) 委托管理风险（二级、三级）

客观/环境风险
(1) 资源风险/自然风险
(2) 政治/政策风险
(3) 市场/行业风险
(4) 合作方信誉风险
(5) 交易对手信用风险
(6) 技术（进步）风险
(7) 商标/产品名侵蚀

营运风险
(1) 作业风险
(2) 投资风险
(3) 效率/成本风险
(4) 人力资源
(5) 法律风险
(6) 生产/信息安全风险
(7) 产品/服务/失败

主观/环境风险
(1) 人事风险
(2) 系统/体系风险
(3) 授权风险
(4) 财税/会计/流动性风险
(5) 市场利基/核心产品选择失当（策略风险）

廉政风险
(1) 管控机制缺失风险
(2) 内部控制未落实风险
(3) 监督机构不作为风险
(4) 管理欺诈风险
(5) 雇员欺诈风险
(6) 非法行为风险

图6-2　企业风险

（1）通过建设"风险管控体系"，对集团的风险源和重大风险威胁进行系统性管理和常态化管理。

（2）结合风险识别和风险评估结论，对集团的各类显性和隐性风险实施"分类管理"；在组织层级之间导入"分级管理"，夯实各级管理者和经营者在其关联风险领域和节点上的防控责任。

（3）建立风险管理制度，将风险防控措施融入风险管理制度，确立"高压线"。

（4）针对重大风险，导入重大风险管控四大机制。①定期评估机制。集团公司风险管理职能部门，应定期对重大风险源组织专业评估，及时掌控风险等级和风险表现的新变化、新形式。②主动报告机制。各相关单位对风险目录上自身所负责防控范围内的风险变化，应按照风险等级和重大程度，按规定主动向集团总部报告。③节点监察机制。针对重大风险，集团公司应延伸监察机制，甚至建立全程风险监督机制和业务管控机制，预防重大风险发生给企业带来灾难性损失。④追溯惩戒机制。集团公司应建立重大风险事故和责任的追溯机制，确保风险过程中信息的真实性、及时性和可追溯性；建立内部对风险责任的惩戒机制，从人事任用、职位晋升、收入分配、奖惩机制等维度夯实风险防范和管控的责任，并由责任人对结果负责；杜绝敷衍了事、得过且过，使风险管控流于形式。

（四）竞争情报体系

竞争情报系统主要为企业提供环境监视、市场预警、技术跟踪、对手分析、策略制定以及信息安全等。开展竞争情报研究成为企业参与竞争、争夺商机的重要对策，是赢得和发展竞争优势的根本保证。

（五）企业文化管理体系

企业文化管理体系是企业战略规划的前提，它定义了企业战略的起点、边界和目标，企业战略是组织整体对企业文化的实践方案。将企业文化建设规划提升到企业的战略层面来思考，使企业文化建设满足企业发展战略各阶段的差异性的客观需求，使企业文化建设能始终发挥出对企业战略实施的引领与支撑功能，促成企业文化与企业战略的和谐统一、企业发展与员工发展的和谐统一，永葆企业鲜活而恒久的生命力。

第三节　战略规划的组织与实施

企业战略规划是指依据企业外部环境和自身条件的状况而制定和实施战略，并根据对实施过程与结果的评价和反馈来调整，制定新战略的管理过程。

企业按照"战略规划金字塔模型"，从分析整体发展战略、业务单元战略、战略实施支撑体系三个维度组织和展开企业战略规划。

企业从"战略环境诊断、战略定位、战略目标设计、战略方案（SBU 方案）规划、战略实施路径规划、战略实施支撑体系设计、战略绩效管理体系"七个节点组织战略规划的实施。

一、战略环境诊断

战略环境诊断主要是对公司及各业务板块的战略现状进行梳理，对内外部环境因素进行综合分析，为战略制定提供全面的基础信息。

首先，进行战略管理现状调研，主要通过战略管理资料收集，访谈调研、战略管理标杆研究等。其次，内外环境分析，进行宏观环境和行业发展趋势分析；对可能业务发展机会及周边资源环境进行分析；企业竞争环境分析；企业内部资源能力评估；内部管理问题剖析；管理提升方向明晰；等等。

二、战略规划方案

（一）企业发展战略规划

企业发展战略规划包括企业发展战略定位、企业发展战略目标确定、各 SBU 战略定位等。企业需要明确公司愿景、使命和战略定位；明确企业未来的发展方向；明确公司总体战略目标；明确企业未来的产业经营领域；进行企业发展各阶段的产业定位；等等。

（二）业务单元战略规划

业务单元战略规划包括各 SBU 战略定位、主要 SBU 战略规划、SBU 战略运营模式设计等。

企业需要明确各业务的功能定位及盈利模式；制定业务选择策略与规划；明确企业未来的业务组合；制定业务发展及竞争策略；制定重大战略举措；等等。

三、战略实施路径规划

战略实施路径规划包括实施阶段划分、实施节点规划、战略目标分解、战略实施情景规划等。

企业在战略构想的基础上，通过定量模型对各战略的实施路径进行评价，选择最适合公司内外部条件的战略实施路径。为保障公司战略目标达成和战略规划的顺利实施，需要为公司规划出不同战略情景以及相应的"战略实施要点"。

战略实施主要是战略规划宣贯、战略实施辅导、战略绩效测评、战略调整等。

四、战略支撑体系设计

战略支撑体系设计包括组织支撑体系、人才支撑体系、战略实施运营体系、战略绩效管理体系、战略管理体系等。

战略对组织保障体系的要求主要是明确企业发展战略的有效实施，需要从企业的"组织模式、职能规划、管控机制、运营机制"等维度提供配套支撑。

组织战略保障主要是制定集团对下属公司管控模式；制定集团与子公司的权责分配；优化组织结构；分阶段绘出组织结构图；规划各部门的部门职能等。

完善其他保障体系主要是制定集团资源配置策略，根据战略需要完善其他支撑体系的规划。

第四节 战略预算管理

战略预算管理是连接企业战略和战略执行的重要环节，是企业上下全面参与的业务计划与财务预算的"一体化工作"。战略预算管理是为数不多的能够将企业目标、战略、资源配置效率以及管理效率有机联系起来的企业管理系统之一，具有连接战略与企业日常生产经营活动的纽带作用。通过优化配置企业资源以及实行滚动、灵活的过程预算控制程序，保证战略目标得以实现。

企业之所以实施战略预算，主要有如下原因。

一、战略预算管理体现了企业管理的最高境界

战略预算管理解释了企业里存在的种种问题并对症下药，它能够保证企业员工自动自发、相互监督、相互促进的实现企业战略目标。

二、战略预算管理体现了财务管理的最高境界

战略预算管理始终走在财务管理的最前端，引导企业的财务管理朝着战略的方向前进，以此来实现战略目标。它衔接了各个部门、各个工作中心的全部运作，衔接了涵盖整个企业全员的预算绩效，还有内部控制与内部银行，尤其是与多变的市场、繁多的产品品种俱进的、始终受控的滚动预算体系。

三、战略预算管理体现了绩效管理的最高境界

预算绩效绝对不是一般的平衡计分卡与 KPI 指标能够替代的，它能把绩效管理放大到整个企业和全部人员，让每一个人都相互促进而且相互博弈，找到一个各自利益最大化的平衡点。

四、战略预算管理极大地提升企业管理水平与管理境界

市场变幻莫测，计划跟不上变化，能在变化中做好计划是一种境界。它将战略矩阵、企业文化、精益制造、KPI、平衡计分卡、财务管理、融资决策、人力资源管理、供应链管理等完美无瑕地整合到企业的战略预算管理系统中，本身就是浓缩的精华。

概括起来，战略预算主要包括战略资源获得成本预算、业务单元子战略的投资预算、功能子战略的投资预算、财务预算、人力需求预算、实施成本预算等。鉴于章节逻辑的需要，在本书的第九章将详述如上内容。

第五节　战略实施管理

战略实施管理，是为实现企业战略目标而对战略规划的管理活动。战略实施

管理应引起足够的重视，由于战略管理不只是停留在战略分析及战略制定上，而是将战略的实施作为其管理的一部分，这使企业的战略在日常生产经营活动中，根据环境的变化对战略不断地进行评价和修改，使企业战略得到不断完善，也使战略管理本身得到不断完善。这种循环往复的过程，更加突出了战略在企业管理实践中的指导作用。

但在现实情况中，很多企业却遭遇战略实施管理缺失的问题。战略制定可以聘请管理咨询公司，但战略实施管理一定是企业自己的事情，别人无法代劳。从惠普、IBM 这些知名的企业来看，企业持续成长的动力皆源自于卓越的战略实施管理能力。

很多中国企业家有着极其敏锐的商业直觉，所谓的战略也由此产生，但往往缺乏完整、科学的战略实施管理体系来支撑，其导致的结果是整个团队要么盲从于企业家，要么因为对战略缺乏认知而信心不足。如果有完整的战略实施管理体系，就会不断地对战略进行评估和修正。

战略实施管理缺失，体现在以下几方面。

一、战略不能清楚的表达

对战略确乏清晰一致的描述。高层管理者对战略各有想法，如果高层对战略说不清楚，那么在战略的落实与实施过程中势必出现很大的偏差，或者根本就无从落实。

二、战略方向和实际运营重点不一致

在企业的实际管理过程中，战略方向和实际运营重点不一致。例如，某企业宣称要通过推出新产品领先市场，但实际运营中却把如何降低成本、如何提高质量当作重点，而把如何改进创新流程、如何提高产品开发效率搁置不顾。

三、企业文化与战略脱节

企业文化与战略脱节，这在处于战略转型以及被并购的企业中经常出现。

四、战略管理部门的缺位

很多公司专门设立战略规划部，但很少有专门机构对战略实施进行有效管理。

五、企业内部派系斗争导致战略实施管理缺失

一些公司内部出现派系斗争，公司各派系为了确保自身利益不受损害，而抵制新战略的实施。

企业战略管理的实践表明，战略制定固然重要，战略实施同样重要。一个良好的战略仅是战略成功的前提，有效的企业战略实施才是企业战略目标顺利实现的保证。同时，如果企业未能完善地制定出合适的战略，但在战略实施中，能够克服原有战略的不足之处，则也有可能最终促使战略的完善与成功。当然，如果对于一个不完善的战略选择，在实施中又不能将其扭转到正确的轨道上，则只有失败的结果。

鉴于章节逻辑的需要，在本书的第十章将详述如何构建战略实施管理体系内容。如战略实施情景、战略目标管理、战略调整管理、战略实施资源保障、战略实施支撑保障、战略管理职能部门的绩效考核、战略实施绩效年度评估等。

第六节　战略绩效管理

在战略管理领域，战略绩效管理是一个重要的内容。战略绩效管理即以战略为导向的绩效管理系统，它是一项系统性的工程，要求企业全过程、全方位参与，与计划、组织、领导和控制等所有管理活动发生联系。其关键内容是：围绕企业战略制定科学规范的绩效管理制度，牵引企业各项经营活动始终以战略为中心来展开，对经营团队或战略管理责任人进行绩效评价。

但在现实的战略绩效管理过程中经常遇到的问题是：绩效管理如何以战略为导向？如何围绕企业战略制定绩效管理制度？

回答如上问题，需要先梳理战略绩效管理落地流程，如图 6-3 所示。

图 6-3　战略绩效管理落地流程

在战略绩效管理的过程中，策略选择的过程不可忽视，而且需要高层的高度重视与参与。

一、明确企业的战略，将其战略特征形象描述出来

企业在战略制定中，往往选择了几种战略或者战略组合。企业需要将战略选择形象地描述出来，寻找与自己战略相似的模式，这是战略绩效管理的第一步。

战略特征的定位是设计战略绩效管理策略的基础，因为不同的战略特征所要求的关键成功因素是不同的。企业若选择了一种战略模式，则这种模式必然有相对应的管控方式，以及管理要点，真正的战略绩效管理体系是要关注和管理好这些要点。

二、不同的战略选择，对应不同的核心竞争要素

针对不同的战略选择，企业所赖以生存和发展的往往是其中的两种或三种核心竞争要素，而这些正是战略绩效管理体系要重点关注的要素。

具体到某种战略选择，例如，"成本领先"战略，其所关注的应当是制造和销售要素（如美的公司）；"模式复制"战略，其所关注的是运营要素，其次是资源、整合（如万科公司）；"专业化服务"战略，其所关注的是专业、人才、创新等核心要素（如金蝶软件公司）。

三、制定战略绩效管理策略

针对不同的战略选择，企业通过分析可以发现其核心竞争要素，而这些正是制定战略绩效管理体系的基本点和出发点。

【案例】

D 公司是一家 IT 系统集成企业，在战略绩效管理中，如何将"战略—竞争要素—战略绩效管理"有效地结合起来？

D 公司的盈利模式是为企业提供专业化的 IT 解决方案，并通过软件和硬件的集成实现。由于这是一个专业化非常强的领域，该公司能否提出针对客户的、专业化的解决方案，成为其存在的价值和理由，也是其核心竞争力的表现。

因此，D 公司的战略绩效管理应围绕如何强化和表现专业化能力展开。

第一，关注业务模式，即如何把自身的专业化能力与客户的需求对接，形成有效的业务订单，满足客户需求的同时实现自身的业务发展；

第二，关注人才，对于客户来说，主要是通过专家提供服务，因此，人才专业化是业务专业化的基础；

第三，关注知识管理，专业化服务的基础是知识、案例、经验的积累，如何实现知识的积累、共享，是专业化公司持续生存的关键。

从业务链条来看，D 公司主要分为市场销售、项目实施、后台支持、综合管控四大类部门。该公司的战略绩效管理体系由两个层面构成：公司层面，由研发、市场、实施、支持、管控、服务等环节构成；运作层面，以项目为核心进行管理。公司层面的业绩管理以市场、实施为核心；项目层面重点考核实施质量、成本、周期、客户满意度等。

整个企业的业绩管理体系的目标是如何建立和保持持久的专业化优势，

通过专业化服务客户，创造价值，存在和发展。

从企业绩效管理体系的设计风格来看，比较适合采用宽松的考核体系，以适应 IT 企业的人才特点。公司层面的考核可以定期化，项目考核应当以项目或项目节点为周期，考核周期宜偏长（例如半年、一年）。

四、战略绩效管理落地的关键环节

在战略绩效管理落地的过程中，以下三个环节是关键：

（1）企业高层的决心。战略绩效管理的核心是关注战略。为了战略的实现，企业可能要舍弃某些收益，这些对于企业是巨大的变革。在这个时候，企业高层能否下定决心，是战略绩效管理成功的关键。

（2）绩效管理链条的构建。能否通过科学的方法把战略目标分解到部门、层级、个人，自上而下形成链条，人人承担责任，是战略绩效管理能够发挥系统作用的重要条件。

（3）战略绩效考核结果的应用。战略绩效管理的结果不仅要应用于对被考核人的激励，还要系统应用于人才梯队建设、培训与开发、员工职业发展等若干方面，唯有如此，大家才能高度关注战略绩效管理的作用，并自觉地与自身的努力方向结合起来。

战略绩效管理是一个重要的管理理念，这一理念的落地，需要一套系统、严谨的方法，需要策略性思维。通过策略思维，战略与绩效管理活动有机地结合起来，个体目标与企业目标有机地联系起来，战略绩效管理才能落地开花结果。

鉴于章节逻辑的需要，在本书的第十一章将详述战略地图管理、战略绩效评估管理、战略管理绩效评估、战略绩效考核结果应用等内容。

第七节 战略风险管控

　　企业风险只有被科学的预测、常态化管理和有效的管控，才能给企业的发展战略和经营安全带来保障。在战略管理中，"战略风险"发生概率很大。"战略风险"是指企业发展战略定位与战略方案在客观上是否"适合"，战略分析的质量不高、战略管理职能滞后或不切实际的战略定位以及战略目标的确立，都会将企业引入歧途。战略风险的大小，往往取决于战略形成过程以及战略规划质量！现实中，遗憾的是许多大型企业的战略是在拍脑袋中形成的，在应付上面的意志中确立的，缺乏严密的思考、有质量的分析和负责任的讨论，因为，他们认为战略只不过是制定出来放在那儿看一看，没有人能真正地按照战略规划而组织企业经营。一旦企业潜藏着不可逆转的战略风险和战略定位失误，那么，这些风险和威胁将很难在经营层面和操作层面上得到及时发现和修正。

　　由于战略控制一直以来被忽视，企业经营者的目光大都放在战略的制定上。然而很多制定周详、论证充分甚至科学的战略最终失败了，很多都因战略发展的方向未得到及时纠正，造成战略失控。因此，战略风险控制系统的建立和运行对企业的经营成败至关重要。

　　那么，企业面对战略风险是不是就只能束手无策，被动适应了？大型企业如何通过建设"战略风险管控体系"，导入"风险识别、风险评估、风险预测、风险防范、风险决策和风险管理"机制，给企业的安全经营和可持续发展设置一道防火墙呢？

　　在这里，跟大家分享一下风险管理领域的研究成果——集团型企业的风险管控模型，以及风险管控体系建设的指导思想，如图6-4所示。

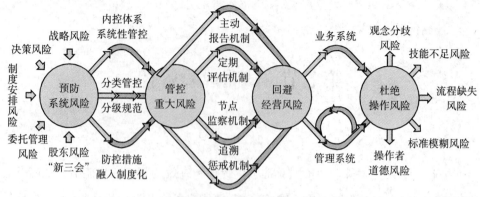

图 6-4 集团型企业风险管控模型

作为集团型企业，尤其是国有大型集团公司，其战略风险管控体系建设得好或坏，早或晚，对集团的发展和安全运营，甚至对干部的爱护，都将发挥出巨大的作用。集团型企业的战略风险管控的指导思想具体体现在以下几方面。

一、预防系统风险

对于一个集团公司而言，"现代企业法人治理体系风险、战略风险、决策风险、委托管理风险和制度安排风险"会给集团公司带来系统性风险，而系统风险必须通过对集团公司的"顶层设计"才能"拨乱反正"。

首先，集团对外合资企业（或境外投资企业）的股东会、董事会、监事会在现代企业的法人治理结构上，基本都有一个规范的架构，但是，股东会、董事会、监事会各自能否履行忠诚义务和尽责义务，却完全取决于"新三会"的工作机制，即现代企业法人治理机制是如何设计的？而这一问题，往往却需要追溯到"出资人协议和公司章程"。现实中，有多少企业在成立之初就很严肃、负责地设计过自己公司的章程，又有多少企业的常年法律顾问能替投资人把好这一关？甚至，对于国有企业而言，对于外派董事、外派监事几乎是常态，但是，却对外派董事或监事在外派单位的行权缺乏机制和制度的管理，给许多重大决策埋下风险的隐患。

其次，制度体系不健全，制度管理滞后，制度安排失当，都将给企业的经营带来系统性风险。

二、管控重大风险

什么是一个企业的重大风险？重大投资项目、重大决策事项、大型建设项目、重大业务合同、关键岗位人事甄选都属于企业的重大风险节点。换句话讲，这些项目、合同、业务容不得闪失；否则，将给企业带来灭顶之灾或生死存亡的严重影响。无论这些合同或业务来自哪一个层级，集团总部都应该对其操作实施全程管控。

三、回避经营风险

集团公司的经营风险往往来自两个维度：业务系统和管理系统，两者是相辅相成的、相互促进的。管理效益对业务运营系统的规范性和价值提升发挥着巨大的牵引作用，业务系统规范化反过来提升了管理的价值。在集团公司，由于受业务单元和产业板块的多样性影响，以及经营单元的责任体系和汇报体系的相互关系，经营风险的回避对基层来说更具有发言权，能更好地管控。因此，需要将经营风险的回避责任落实给二、三级组织的经营负责人。

四、杜绝操作风险

操作风险则来自"标准模糊、流程缺失、技能不足、观念分歧、操作者道德"五大风险要素。操作风险往往可以通过内部加强管理、完善制度和体系建设、加强技能提升和教育培训以及职业道德和职业操守教育加以杜绝。

可见，企业战略风险只有被科学的预测、常态化管理和有效的管控，才能给企业的经营安全带来保障；否则，企业规模越大，组织形态越复杂，业务分布越广，其客观上潜在的各种风险以及风险管控的难度就越大。这是必须理性反思与慎重处理的大问题！

【案例】

E 公司是一家大型国有企业，因交易石油期权，巨亏 5.5 亿美元，此事震惊了国人，也震惊了世界。

在出事之前，E 公司已是一个净资产上亿美元的上市公司，但这样一个发展势头非常看好的上市公司，却突然陷入破产的边缘。

长期以来，E 公司战略控制一直以来被忽视，企业高管的目光大都放在战略的制定上。然而很多制定周详、论证充分甚至科学的战略最终失败了，很多都战略发展的方向有误，造成战略失控。

从战略风险的产生分析，E 公司从事石油的期权运作，是一种提高公司收益的创新行为，应该是公司的应急战略，因为在公司陈述的战略中没有包含，但 E 公司高层领导人受公司发展的压力，在当初亏损不严重时没有回归战略，而是掩盖并继续加大筹码，试图弥补开始的亏损，最终形成现实的战略风险。

从战略系统的构建看，E 公司对市场的机会没有发展出一套战略边界系统。如果有的话，则卖出期权的行为就应该排除在公司的战略领域之外，因为公司的战略目标是通过套期保值，稳定地采购航空燃油。同时，公司对操作期权这一应急战略也缺乏详细的内部控制系统，更不说信念系统的建立了。

E 公司虽然制定了《风险管理手册》，成立了风险管理委员会，但该控制制度形同虚设，并没有在执行上得到保障。说明 E 公司战略控制的缺失，最终必然造成战略失败。

第八节　战略评估与战略修订

　　战略评估主要是评估战略是否与企业的内外部环境相一致；从利用资源的角度分析战略是否恰当；战略涉及的风险程度是否可以接受；战略实施的时间和进度是否恰当；战略是否可行。

　　战略制定、战略实施、战略评估共同构成战略管理的全过程，战略评估是战略管理的最后阶段。企业管理者需要及时了解哪一特定的战略管理阶段出了问题，战略评估是获得这一信息的主要方法。

　　由于企业所在内外部环境的变动性，所有战略都将面临不断地调整与修改，这决定了要保证战略管理过程的顺利实现，必须通过战略评估体系对制定并实施的战略效果进行评价，以便采取相应的完善措施。可见，战略评估决定着战略管理的成败。

一、战略评估的具体操作

（一）战略分析评估

　　战略分析评估指运用 SWOT 分析法。评估企业内外环境状况，以发现最佳机遇。此种评估也可称作现状分析评估，一方面检查企业现行战略是否能为企业带来经济效益，如果不能增效就要重新考虑这种战略的可行性；另一方面通过考察外部环境，判定在现行环境下企业是否有新的机遇。最后结合两方面的结果做出结论，企业或继续执行原战略或采取适应环境要求的新战略。战略分析评估主要包括：企业的现行战略和绩效的分析；不同战略方案的评估；对企业相关利益备选方案的评估；竞争力的评估；等等。

（二）战略选择评估

战略选择评估主要是指战略执行前对战略是否具有可行性的分析。此处涉及很多的评估模型，如战略规划评估模型。

战略选择评估，首先对战略评估环境因素进行分析，其次制定判断标准并打分。即针对不同战略方案可行性的研究，对不同的战略方案所面临的机会与威胁设定标准，通过计算机"机会与威胁的权重"，并以所得风险与收益的结果选择最优的战略方案。

（三）战略绩效评估

战略绩效评估是在战略执行的过程中对战略实施的结果从财务指标、非财务指标进行全面的衡量。它本质上是一种战略控制手段，即通过战略实施成果与战略目标的对比分析，找出偏差并采取措施纠正。

二、战略的修订

战略修订是在战略实施过程中，产生的实际结果与预定目标有明显差距时采取战略方案的修改。实践是检验战略的根本标准，只有在实践中不断修正战略，才能保证战略行动的成功。

企业进行战略修订的原因：

（1）战略的长期稳定性与战略环境的多变性之间发生了矛盾，如果不对战略行动方案进行修订，就会严重脱离实际和偏离战略目标，会带来不良后果。

（2）战略方案的制订本身就带有主观想象的成分，经过实际操作，会一定程度地背离客观实际，特别是一旦遇有意外情况发生时，就不得不修正战略。

（3）在战略执行过程中，主观上产生了明显的失误，带来了巨大战略风险，迫使企业修订战略。

（4）由于组织得力，措施得当，善于捕捉战略时机而提前完成阶段性战略任务时，也需要对战略进行修正。

鉴于章节逻辑的需要，在本书的第十二章将详述战略规划调整的前提、原则和程序；战略规划修订的审批与评估；战略规划修订后的实施监督等内容。

本章回顾

※ 战略管理是依据企业的战略规划，对企业的战略实施加以监督、分析与控制，特别是对企业的资源配置与事业方向加以约束，最终促使企业顺利达成企业目标的动态过程管理。

※ 战略管理体系体现在最高层次上，即企业的战略管理是董事长和董事会的职责。企业的战略发展部门隶属于董事会，战略发展部作为董事会的参谋机构，承担着战略管理的主要职能。

※ 企业战略规划管理，是指依据企业外部环境和自身条件的状况来制定和实施战略，并根据对实施过程与结果的评价和反馈来调整，制定新战略的管理过程。

※ 战略预算管理是连接企业战略和战略执行的管理工具，是企业上下全面参与的业务计划与财务预算的集成工作。

※ 战略绩效管理即以战略为导向的绩效管理系统，它是一项系统性的工程，要求企业全过程、全方位参与，与计划、组织、领导和控制等所有管理活动发生联系。

※ 企业风险只有被科学的预测、常态化管理和有效的管控，才能给企业的发展战略和经营安全带来保障。

※ 战略评估，主要是评估战略是否与企业的内外部环境相一致；从利用资源的角度分析战略是否恰当；战略涉及的风险程度是否可以接受；战略实施的时间和进度是否恰当；战略是否可行。

第七章
战略管理的组织保障

【章节导读】

战略管理的组织保障，可分为"战略管理委员会、战略发展部（总部）、企管部（子公司）"等多层级的组织模式。

企业在制定了战略之后，需要构建适合战略落地的组织模式。能够根据战略的客观需求对组织模式不断进行动态调整优化，使组织模式能够持续满足战略管理的需要，保障企业战略的高效实施，确保战略目标达成，这是企业基业常青的关键要素之一。

本章从战略管理的组织模式、战略管理体系的具体职能、战略管理委员会、战略发展部门的组织与职责保障、战略形成与决策机制、战略规划、实施和评估的组织流程等内容，具体阐述战略管理的组织保障。

第一节　战略管理的组织模式

战略管理的组织体系，确定了企业战略管理纵向及横向的关系，定义了企业内部各项战略管理任务及信息的分配和责任。因此，企业需要设计与发展战略相匹配的组织模式。

战略与组织的关系，如图 7-1 所示。

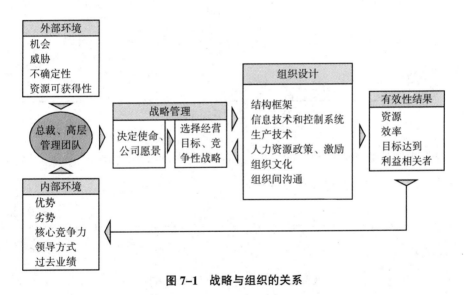

图 7-1　战略与组织的关系

战略管理的组织保障主要是制定集团对下属公司的管控模式，制定集团与子公司的权责分配，优化战略管理组织结构，规划战略管理部门的管理职能。

根据集团内部的战略管理业务关联程度，确定差异化的集团管控模式，有三种典型的集团管控模式可以选择。根据各产业板块不同的战略地位、发展阶段和资源相关度，明确企业对应采取的管控模式和分权程度。如图 7-2 所示。

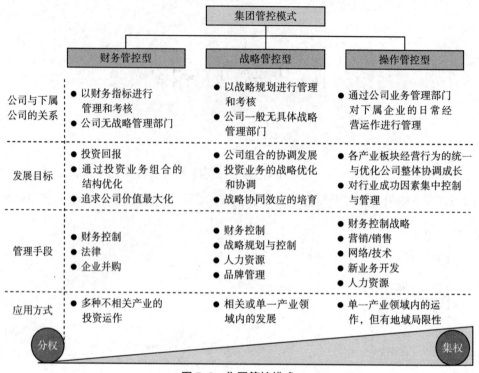

图 7-2 集团管控模式

企业根据战略和管控模式的要求，结合对公司现有组织结构的分析，提出战略管理组织结构的调整建议和过渡方案。

【案例】

创建高效的战略管理组织

F公司是一家大型电机公司，主要从事水轮发电机组、热能发电机、风力发电机、电站控制系统的研发、设计、制造和服务。下设3个子公司、1个分公司和3个事业部。

F公司已成为全球发电设备制造行业的强势品牌。通过自主创新和科研攻关，形成了"多电并举"的产业发展格局，并拥有行业最高端、最齐全的产品品种。F公司建立了高效的战略管理的组织模式，从而达成了企业战略目标。

（一）构建适合战略管理的组织架构

F公司为更好地配合集团化战略管理机制，保障集团年度战略顺利实施，进行了战略管理组织架构调整，主要目的在于对职责分工予以明确，强化有效组织管理。

战略管理的组织架构，增设战略管理委员会，完善了董事会的职能。明确了战略管理部门和岗位的职责、权力的界定，以及各角色相互之间的关系。

（二）战略管理的组织结构设计

F公司在战略管理的组织结构设计中，充分考虑企业实际情况和外部环境因素，保证组织结构方案具有可操作性。

1. 战略管理方面

战略明晰：F公司进行战略环境分析，借鉴战略管理标杆企业的经验和参考管理咨询顾问的建议，形成明晰的战略规划。

战略明晰研讨会：F公司组织召开战略系列研讨会（战略头脑风暴会—战略规划质询会—战略发布/宣贯会—战略实施分析会等）。

建立战略规划及执行保障体系：F公司建立战略管理的组织，形成战略执行保障的落地闭环管理机制。

2. 战略管理组织方面

战略管理的组织架构优化：F公司结合战略转型与规模扩张的需要，考虑未来组织的演进方向和组织优化方案的可操作性，提出分阶段的战略管理组织结构调整方案。

战略管理的组织职能优化：界定各层级战略管理组织、战略管理部门的定位与管理职责边界，进行战略管理组织职能优化，明晰各战略管理岗位职责。

战略管控授权优化：针对不同层级业务单元，设计管控定位与管控模式。

3. 集团战略管理体系方面

集团战略管理原则与框架设计：F公司提出集团战略管理原则、战略管理模式与框架、明确集团战略管理体系设计方向。

集团战略管理组织设计：F公司明确战略管理组织设计的原则、建立清晰的战略管理组织架构、明晰部门与岗位职责。

集团战略管控流程与制度设计：F公司建立集团战略管控流程体系，梳理核心战略管控流程和制度，导入先进战略管理工具，确保集团战略管控思想落地。

第二节　战略管理体系的具体职能

战略管理可以提升企业的发展态势、提升企业生的命力，以适应社会环境、市场环境及其他环境变化。战略管理体系并不如经营管理体系那样清晰和庞细，而是体现在最高管理层次上，即企业战略管理是董事长和董事会的职责。企业的战略管理部门隶属于董事会，战略管理部门作为董事会的参谋机构，承担着战略管理的主要职能。

战略管理体系的具体职能包括战略研究、战略情报、战略组织、战略控制。这四个主要职能交织在一起，不可能机械性地分开。

一、企业战略研究

企业战略研究是针对未来环境的变化，研究企业发展的战略规划等。目前大多数企业没有专门战略研究的机构，常常是战略上出现失误或战略不适应变化时，在总经理工作会上提出某项战略构思。这种情况反映了企业战略管理的缺失。企业的战略研究，需要在战略管理委员会的领导下，各经营部门共同参与。

二、企业战略情报

企业战略情报的范围不限于市场环境，还包括社会环境，即针对不同环境的相互作用对企业发展的影响。战略情报不仅是调查正在发生的变化，还要预见可能发生的新变化，因此战略情报的职能不仅是收集信息、调查情况，还包括更多的战略研究方面。

三、企业战略组织

企业战略组织是通过组织各方面的关系和资源，包括可控和不可控的企业内外的各种力量和要素，协同进行战略项目，以创造或获取新的发展机会。

与国际上的标杆企业相比，目前中国企业战略组织功能较弱，由于缺少条件，较少开展战略组织活动。

四、企业战略控制

企业战略控制包括规划控制、组织控制和战略成本控制、宣传控制等。

规划控制受战略部署和战略规划的制约。组织控制即公司治理结构。企业的未来 10 年或 10 年以上发展战略不同，公司治理结构的依据不同，治理结构也应不同，这样才能起到组织控制的作用。战略成本控制不是直接针对经营，而是针对企业发展态势、发展主动权。

企业发展的速度和规模对于企业发展的态势和主动权有直接影响，但是在快速变化的环境中，速度和规模的发展不一定起正作用，还可能起负作用，可能使优势变为劣势。尤其在企业实行多元化战略时，战略成本更为重要，战略控制不当，战略变革可能以失败告终。

第三节　战略管理委员会

战略管理的有效实施，需要成立专门的战略管理委员会。战略管理不是一个人的事情，也不是一个部门的事情，而是关乎整个公司命运和前途的集体事件。必须要在公司最高决策层的直接领导下，充分调动公司内部的一切力量参与其中，为保障战略规划科学和规范，并且在科学的时间段内完成，必须要有一个强有力的战略管理组织保障。

通常，这个负责战略管理活动的组织，由公司最高决策层组成的指导小组直接领导，这个小组一般称为战略管理委员会。战略管理委员会在战略制定、实施、评估过程中可以借助管理咨询机构的力量。

一、战略管理委员会的组成

公司实施战略管理的机构包括公司董事会、董事会战略委员会、总裁办公会和战略管理部。

企业战略管理委员会一般由董事局主席、总裁和主管市场营销、产品研发、供应链、财务和人力资源等工作的高级管理人员组成，主任委员由公司总裁兼任。总裁办是战略委员会的办事机构。

当企业的战略管理专业人才不足时，可以考虑引入外部专家进入战略管理委员会。

二、战略管理委员会的职责及工作分工

（一）公司董事会

战略管理的水平很大程度上决定了公司的运营业绩和长期价值的提升。因

此，董事会建设要以战略管理职能为核心，构建战略性的董事会。

公司董事会是公司的战略决策机构，其主要职责是审议确定公司的发展战略，根据环境变化做出战略变革决策，并对发展战略的实施进行督导。

公司董事会应重点发挥战略管理的职能。董事会的运作一般包括战略决策、聘用和激励总经理、监督职责、批准财务预决算等，这些具体工作职责其实都指向战略管理。其中，选聘总经理是董事会战略权威的体现，也是最重要的战略参与方式；经常性的监督和规章制度的制定关系到公司制定的长期战略能否实现；预/决算体现战略目标任务的当期完成情况；董事会的其他职责从实际上看都是为董事会战略管理而服务的。

（二）战略管理委员会

战略管理委员会是公司董事会下设的战略工作机构，其主要职责是组织公司重大战略问题的研究，对公司发展战略、经营方针政策、经营计划、重大投资决策等提出建议。具体包括：对公司的长期发展规划、经营目标、发展方针进行研究并提出建议；对公司涉及产品战略、市场战略、营销战略、研发战略、人才战略等进行研究并提出建议；对公司重大战略性投资、融资方案进行研究并提出建议；对公司重大资本运作、资产经营项目进行研究并提出建议；对发展战略的实施情况进行监控。

（三）公司总裁办公会

公司总裁办公会是公司的战略执行机构，其主要职责是在公司发展战略实施过程中对相关的经营管理进行集体决策，确保实现阶段性的战略目标，进而实现整体发展战略。

（四）公司战略管理部

公司战略管理部是公司发展战略的日常主管部门，其主要职责：编制公司中长期战略规划，并指导实施；编制公司战略实施计划、三年滚动规划和年度经营计划，并指导实施；制订计划工作的步骤和程序等工作制度；制订计划目标体系和计划实施评价标准；组织进行公司发展战略的评估。

【案例】

G公司成立战略管理委员会

G公司是一家大型高科技企业，该公司为建立符合现代企业制度的母子公司体制，抓住发展战略机遇，实现铸造国际一流公司的奋斗目标，决定组建战略管理委员会。

G公司战略管理委员会成立当天，召开了首次会议，研究和审议了公司《"十二五"发展规划和2020年愿景目标》。战略管理委员会由总经理亲自负责，由公司党组成员、科技委主任、总经理助理、总工程师、总法律顾问、总部各部门部长，各研究院院长和各子公司的负责人，共50人组成。

G公司战略管理委员会主要负责审议公司的发展战略和中长期综合规划，审议集团公司及主要成员单位重大改革调整方案、资源优化配置方案，以及对其他影响集团公司发展的重大事项进行研究。

G公司通过建立健全战略管理的组织机构和管理制度，不断提高战略实施的组织能力、风险防范能力和动态管理能力，提升集团公司的科学决策与管理水平，确保战略规划的落实与整体战略目标的实现。

好的战略规划应该是动态的、与时俱进的，G公司战略委员会每年还围绕技术发展、统筹建设、转型升级等召开专题讨论会。

第四节　战略发展部的组织与职责保障

制定战略是企业决策层工作中的重中之重，制定战略为公司的未来描绘了一幅独特的画面。对于企业最高管理层来说，战略规划是他们最为关心和花费精力最多的工作。可以说衡量一个企业领导者是否称职，最重要的是能否为企业的发展制订出一个切实可行的战略规划。

为了完成企业的战略目标，需要设立与战略管理相匹配的组织结构及岗位，组织结构是实现战略目标的构想，岗位是将战略责任落实的载体。组织结构是将战略落地的桥梁，岗位是实现战略目标的重中之重，因此，责任必须落实到岗位。

战略的落地，战略发展部门组织与职责保障也不容忽视。即战略制定后，必须要有一系列的支撑体系，要求在企业文化理念的引领下，在组织、运营和人才方面进行保障。如图 7-3 所示。

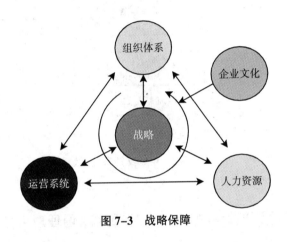

图 7-3　战略保障

一、建立与战略相适应的组织支持系统，这是战略管理的组织保障

组织体系确定了企业内部纵向及横向的关系，它定义了企业内部各项任务及信息的分配和责任。

企业战略的重要特征之一是适应性。战略需要适应企业外部环境和内在条件的变化，这种适应是一种极为复杂的动态调整过程，要求企业一方面能加强战略管理，另一方面能不断推出有效的组织结构。因此，适应的特殊性决定了这是一个循环上升的过程，并明确了组织结构如何适应企业战略的原则。

建立与战略相适应的组织支持系统，主要包括三方面的内容：

（1）正确分析企业目前组织结构的优势与劣势，设计开发出能适应战略要求的组织结构模式。

（2）通过企业内部管理层次的划分、相应的责权利匹配和适当的管理方法与手段，确保战略的实现。

（3）为企业组织结构中的关键战略岗位选择合适的人才，保证战略的顺利实施。加快培训体系建设，保障战略目标达成所需要的人才供应。如图7-4所示。

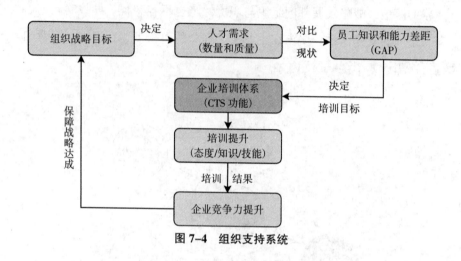

图 7-4　组织支持系统

二、人力资源管理的战略定位，保障战略管理对人才的需求

在战略管控型管理模式中，人力资源管理的角色已经从传统的行政和操作角色扩展到了战略角色。人力资源部的工作范围不再局限于招聘、培训等工作内容，而是被整合到企业的战略、运营等流程中去，并承担起新的职责。战略角色定位使人力资源部能够为组织的战略和运营配备合适的人员，使整个组织的战略管理能力获得提升。人力资源部门主要承担以下新职能。

（一）参与战略规划

人力资源部门在参与制订战略规划的过程中，了解整个公司的发展情况，公司下一阶段的战略计划和预定目标；实现这些战略和目标的具体计划；公司在下一阶段需要什么样的人员及这些人员应该掌握什么样的技能，具备什么样的素质；等等。充分掌握战略信息后，人力资源部门应紧紧围绕战略和目标展开工作，同时围绕战略目标应对现有的员工重新评估，并根据情况聘请新的专业人才，或者对现有的员工进行培训，使其适应新的战略规划。

（二）参与组织再造

在制订战略规划的过程中，应该根据战略规划和战略目标设计组织结构。人力资源部的工作是对组织内人力资源的优势和劣势等方面现状进行分析，重新规划组织构成；重新在岗位之间分配任务；找到对组织发展起关键作用的战略管理岗位，并配置合适的人才，这样才能构建起与战略相匹配的组织结构。

（三）参与运营计划

运营系统是指企业业务和日常事务处理过程和程序的集合，竞争优势最终必须落实到运营系统，并体现在核心业务流程上。

人力资源部不仅为战略和运营配备人员，还要参与运营计划，对员工的战略管理工作情况进行跟踪与评估，并对其绩效作出评判，同时对人员的去留以及是否调换工作岗位，或者要在哪些方面加强培养和锻炼提出意见和建议。

参与制订战略与战略规划、组织再造、运营计划是人力资源管理发展的新阶段。同时，这种新的职能也为提升组织的战略管理能力提供了有力保障。

三、企业文化对企业战略管理的重要作用

企业谋求发展必须确立企业目标，企业目标的确立需要企业文化和企业战略的支撑，因此必须处理好企业文化与企业战略的关系。企业文化和企业战略是相互联系、相互作用的，企业文化是企业战略的基础，企业战略是企业文化的集中体现。

企业文化决定了企业的使命和愿景，以及核心价值标准。有什么样的企业文化，就有什么样的战略，也决定了需要怎样的组织体系和业务流程。

企业文化对企业战略管理的重要作用，体现在：

（1）引导作用。企业战略是一项系统工程，它的执行涉及企业各个部门、岗位和人员。企业战略在很大程度上受企业文化的影响。企业文化对员工的行为和价值观念具有引导作用，它能够保障企业战略制定与企业目标吻合，保障企业员

工参与企业战略的步调一致。

（2）凝聚作用。企业通过改善员工工作环境、提高员工福利、提供更多提升机会、搭建实现自身价值的平台，让员工产生归属感，并发自内心地认可和执行企业战略。这种发自员工内心的力量会被凝聚成一股向心力，产生自发的能动效应，激发员工的潜力，保障企业战略的实施。

（3）激励作用。企业文化在精神上对员工进行引导，是一种无形的力量，是员工对企业战略高度认同的价值追求和情感附属。它就像一只看不见的手，在精神层面调动员工的积极性和创造性。而企业战略的实施正需要员工发挥能动作用和主动性。积极向上的企业文化对企业战略的实施具有激励作用，这种激励往往能够体现企业管理水平和企业综合素养，也是企业战略促使企业文化同步改革的体现。

四、战略管理体系成功运作，需要建立好的管理机制

企业战略目标的实现，需要企业在管理模式和管理机制上下功夫，夯实制度管理的基础。在企业持续发展阶段，特别是战略规划的运行、战略管理能力的培育，更需要有效的运行体制将管理职能化、制度化，明确管理者的责、权、利，从而避免多头领导，提高战略管理效率和战略执行能力。

五、实行动态的战略管理，需要有效的情报系统保障

对于企业来说，竞争情报体系的建立与应用将是大势所趋。战略决策必须根据企业的宗旨和目标，在对企业的内部优势和薄弱环节、外部威胁和市场机会进行系统化分析基础上制定。

竞争情报是战略管理的基础，无论是战略的制定，还是战略的实施和评价，都需要对企业的竞争环境、竞争对手和竞争战略进行基于信息的收集、研究和分析。

六、有效的战略评估是保障企业战略目标实现的监督工具

评价业绩，监督竞争环境的变化，进行适当的战略调整，这些都是企业战略管理的正常工作与必需的要素。战略评估能够从战略管理的角度，引发对战略目标的审视。企业战略评估主要从检视战略基础和度量企业绩效两方面展开。

第五节　战略形成与决策机制

企业战略机制是指企业所有经营活动的方略和策略，以及企业经营活动所采取的方式、方法和手段以及它们之间的有效组合的总称。

战略的形成，如图 7-5 所示。

一、战略制定的基本过程

（1）收集和分析各项战略情报。战略管理部门组织营销、研发、供应链、财务、人力资源等专业部门收集和分析相应的战略信息并提交分析报告。

（2）分析企业外部环境。战略管理部门在各项专业情报分析的基础上，厘清公司经营的主要机会和威胁。

（3）测评公司优势和劣势。战略管理部门组织测定和评估公司的各项素质和能力，摸清自身素质状况，明确公司本身的战略优势与劣势。

（4）准备战略规划方案。根据公司发展要求和经营愿景，依据公司所面临的机遇和机会，列出所有可能达到的经营目标和战略方案。

（5）评价和比较战略方案。根据股东、管理人员以及其他相关利益方的价值观和期望目标，确定战略方案的评价标准，并依照标准对各项备选方案加以评价和比较。

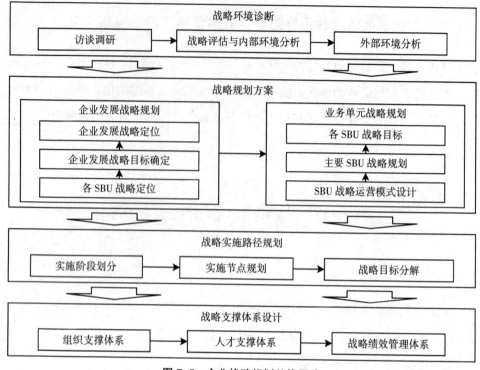

图 7-5　企业战略规划总体思路

（6）确定战略规划方案。组织战略委员会展开研讨，在充分评价和比较的基础上，选定一个最满意的战略方案为正式的战略规划方案。

（7）制订年度行动计划。在战略委员会已确立的战略规划的基础上，组织各子公司制订年度经营计划，按照组织管理程序，签署目标经营责任书。

二、战略方案设计的主要策略

战略方案设计，需在尊重历史的前提下，遵循"系统规划、分步实施、注重实效"的原则，使战略方案（含 SBU 方案）能够发挥高端引领作用，并能够有效实施。

整体规划：以"战略转型"为起点，对企业"十三五"规划期内发展的"愿景、使命、价值观、目标、定位、发展路径、业务策略及战略支撑体系"等进行系统设计，指引各项具体工作的开展。

分步实施：以"战略定位和战略目标"为导向，分步、分阶段地规划战略推进与实施步骤，提高企业的主营业务发展水平和分类运管能力。

注重实效：尊重企业的发展历史和现状，关注企业"战略规划"实效的可操作性，确保"稳定转型"，采用 PDCA 循环提升工具，通过"战略规划宣贯、培训、研讨会、项目进度目标与计划管理、实施技能培训、实施考核评估"等一系列措施，确保战略规划体系落地，保障战略发挥出显著的实效。

三、建立科学的战略决策机制

战略决策的实质是在战略分析的基础上进行评估与选择。战略决策受内外部因素的影响，使决策结果偏离于实际是引起战略决策风险的根源。

正确的战略决策和战略规划决定着企业战略正确发展方向，是提高企业经营效益、提高企业竞争力的重要保证，是企业战略管理工作的核心环节。

·建立科学的战略决策机制，需要以下工作。

（1）推进战略决策的科学化、民主化，进一步建立健全战略决策咨询制度。战略决策具有很强的预见性、复杂性和风险性。在信息化时代，企业高层次决策所涉及的领域之广、规模之大、不确定因素数量之多、结构形态之复杂、动态变化之快，使得战略决策变得尤其困难和复杂。无论多么高明的战略决策者也无法洞察一切，统揽全局。同一些标杆企业相比，很多企业在战略决策方面还有一定差距。要制定出符合客观战略环境需求的战略决策，必须始终坚持决策的科学化、民主化原则，切实发挥战略决策咨询机构的智囊作用，提高战略决策水平。

（2）完善决策的信息智力支撑系统，进一步强化战略评估机制手段。决策者必须善于利用各种信息技术，以及系统分析方法、成本效益分析方法、决策理论、可行性论证、预测技术等决策技术和方法，才能制定出正确的战略决策。

第六节 战略规划、实施和评估的组织流程

战略规划是为了实现发展目标而制定的具体规划，表明公司在每个发展阶段的具体目标、工作任务和实施路径。

一、企业战略的制定

公司战略委员会对公司外部环境、内部资源和能力以及利益相关者的期望进行分析，对公司战略目标提出建议。战略目标应符合公司整体利益和发展的需要，明确分析公司现状与目标的差距，并提出消除差距的措施。

公司董事会根据战略委员会的建议，结合公司和子公司的经营管理和发展状况，提出公司的发展战略目标。

公司战略管理部根据公司的战略目标，指导子公司编制战略规划草案，汇总并结合行业研究编制公司战略规划草案，提交给战略委员会讨论。

战略委员会经讨论后，战略管理部根据讨论修订意见定稿战略规划，并将战略规划提交公司董事会审议；董事会审议通过后，报经股东大会批准实施；由公司战略管理部下发公司各部门及子公司实施。

公司各部门及子公司是企业战略的执行单位，通过制订和执行年度工作计划，落实工作责任制，完成年度目标，推动公司战略的实现。

二、企业战略的宣传培训

公司应当重视战略规划的宣传培训工作，为推进战略实施提供强有力的思想支撑和行为导向。

公司可以通过采取内部会议、培训、讲座、知识竞赛等多种行之有效的方

式，把企业战略及其分解落实情况传递到内部各管理层级和全体员工，营造战略宣传的强大舆论氛围。

公司高管层要加强与广大员工的沟通，使全体员工充分认清企业的发展思路、战略目标和具体举措，自觉将发展战略与自己的具体工作结合起来，促进战略的有效实施。

三、企业战略的实施

公司总裁办公会根据三年规划目标，将高层次目标分解成可供公司中级管理者和下属子公司执行的确定目标，即制订年度经营计划，编制全面预算。

公司战略管理部依据审定后的三年滚动规划，结合公司年度工作重点，出具年度经营计划指引，下发并指导公司各部门和子公司制订年度工作计划，并汇总编制公司年度经营计划，经公司总裁同意、董事会批准后执行。

公司战略管理部负责监督年度经营计划的执行情况，进行月度或季度经营分析和定期会议，并形成报告向公司管理层及战略委员会汇报。

公司战略管理部按年度汇总公司各部门及企业目标计划的完成情况，对公司年度方针目标与资源计划完成情况进行总结评价，向公司管理层和战略委员会汇报。

公司各部门及子公司的年度计划项目、企业的季度重点工作计划、部门的月度工作计划均纳入考核范围。

四、企业战略的评估与调整

公司战略管理部负责组织公司各部门及子公司对本单位的战略规划进行定期评估。对于战略规划重要项目的执行和结果，由公司战略管理部组织执行单位进行不定期评估。

公司战略管理部汇总公司各部门及子公司提出的评估意见，对战略规划修订，递交总裁办公会完善后，形成修订草案提交战略委员会讨论。

战略管理委员会应对战略规划修订草案进行评估论证，向公司董事会提出发展战略修订建议方案。

企业战略修订建议方案经公司董事会审议通过，报经股东大会批准通过后，由公司战略管理部下发各部门及子公司实施。

本章回顾

※ 战略管理的组织保障，应分为"战略管理委员会、战略发展部（总部）、企管部（子公司）"等多层级的组织模式。

※ 战略管理的有效实施，需要成立专门的战略管理委员会。战略管理委员会在战略制定、实施、评估过程中，可以借助专业管理咨询机构的力量。

※ 当企业的战略管理专业人才不足时，可以考虑引入外部专家进入战略管理委员会。

※ 战略的落地，战略发展部门组织与职责保障不容忽视。即战略制定后，必须要有一系列的支撑体系，要求在企业文化的理念引领下，在组织、运营和人才方面进行保障。

※ 战略的形成，需要从"战略环境诊断、战略定位、战略目标设计、战略方案（SBU方案）规划、战略实施路径规划、战略实施支撑体系设计、战略绩效管理体系"七个节点进行实施。

第八章
战略规划管理

【章节导读】

战略规划是制定组织的中、长期战略目标并形成战略方案。战略规划首先要解决的是立足企业使命和愿景下的企业发展战略定位。同时要阐明企业存在的理由，并考虑战略管理的前瞻性、系统性、动态性、复杂性，战略目标的可达成性，并具有能够指导全局的整体性。

战略规划管理已经成为管理咨询的主要部分，包括以下几个方面：现有战略评估与诊断；内外部重要战略资源与战略支撑能力评估；企业使命、愿景的审视；企业总体发展战略梳理与明晰；公司业务战略选择与制定；公司业务组合分析与策略设计；公司并购战略分析与设计；战略实施路径设计；战略支撑体系设计；战略目标体系设计；业务整合与组织管控模式设计；战略执行体系设计；等等。

第一节　战略规划的模型、流程和 PDCA 循环

战略规划模型对于企业的战略发展和战略管理具有重要意义。战略规划模型可以通过引入战略管理理论，以及战略管理实践进行构建。在战略规划模型的应用中，应该注意组织运行的保障体系、战略思维的多视角、战略规划等问题。

一、战略规划模型和流程

在战略规划管理的实践中，主要采用如下战略规划模型和流程。如图 8-1 所示。

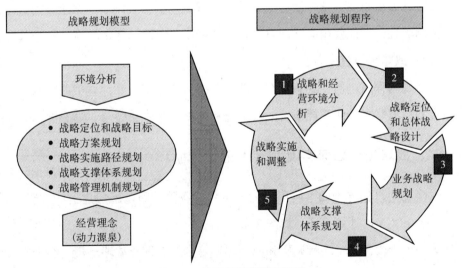

图 8-1　战略规划模型和流程

（一）战略规划模型

战略规划模型，主要包含以下几方面的关键因素：

经营理念——进行系统的经营理念梳理，使其成为能够推动公司战略发展和

实施的动力源泉。

环境分析——了解组织所处的环境和相对竞争地位。企业通过系统的经营理念梳理，根据战略环境分析并了解组织所处的环境和相对竞争地位，制订战略规划的内容。

战略定位和战略目标——它们是企业战略制定和战略评估的依据。企业根据自身的资源优势与运管能力分析，确定公司发展的总体目标，并将总目标分解到SBU，设定各阶段的具体目标。

战略方案规划——针对公司现有的业务形态，制定出各业务单元的具体发展战略。

战略实施路径选择——在战略构想的基础上，通过定量模型对各战略的实施路径进行评价，选择最适合公司内、外部条件的战略实施路径。

战略支撑体系规划——明确企业发展战略的有效实施，需要从企业的"组织模式、职能规划、管控机制、运营机制"等维度提供配套支撑。

战略管理机制规划——设计战略动态管理机制，为公司制定系统化的战略决策和控制流程，保证公司能够面对内外部环境变化，及时修正战略，规避风险。

（二）战略规划程序

战略规划程序包括：战略和经营环境分析；战略定位和总体战略设计；业务战略规划；战略支撑体系规划；战略实施和调整；战略和经营环境分析；等等。

二、战略规划如何实现 PDCA 的计划循环

战略规划过程分为四个阶段、七个步骤，各阶段间是层层递进的逻辑关系，最终实现 PDCA 的计划循环。如图 8-2 所示。

第一个阶段是进行现状调研和内外部环境分析，即对战略环境进行分析和预测，内部管理问题剖析等。

第二阶段是要制订发展战略规划，以及 SBU 发展及竞争策略。当现状调研和战略环境分析以后，考虑使用什么手段、什么措施、什么方法达到战略目标，这就是战略规划。

| 第一阶段 | 第二阶段 | 第三阶段 | 第四阶段 |

1 现状调研	2 内外部环境分析	3 企业发展战略规划	4 SBU 发展及竞争策略	5 组织战略保障	6 完善其他保障体系	7 战略实施
• 资料收集 • 访谈调研 • 标杆研究	• 进行宏观环境和行业发展趋势分析 • 对可能业务发展机会及周边资源环境进行分析 • 企业竞争环境分析 • 企业内部资源能力评估 • 内部管理问题剖析 • 管理提升方向明晰	• 明确公司愿景使命和战略定位 • 明确企业未来的发展方向 • 明确公司总体战略目标 • 明确企业未来的产业经营领域 • 企业发展和各阶段的产业定位	• 明确各业务的功能定位及盈利模式 • 制定业务选择策略与规划 • 明确企业未来的业务组合 • 制定业务发展及竞争策略 • 制定重大战略举措	• 制定集团对下属公司管控模式 • 制定集团与子公司的权责分配 • 优化组织结构 • 分阶段绘出组织结构图 • 规划各部门的部门职能	• 制定集团资源配置策略 • 根据战略需要完善其他支撑体系的规划	• 战略规划宣贯 • 战略实施辅导 • 战略绩效测评 • 战略调整

图 8-2　战略规划过程

第三阶段是组织战略保障，通过制定企业管控模式，优化组织结构，根据战略需要完善战略支撑体系的规划等。

第四阶段是战略实施。企业需要进行战略规划宣贯、战略实施辅导、战略绩效测评和战略调整等。

第二节　战略规划体系

战略规划体系是战略管理的基础平台。集团总部必须能够充分发挥主导功能，并通过组织章程、发展战略、管理政策、管理制度等，为企业协调有序运行确立行为的规范与准则。战略规划管理是实现上述功能最重要的职能之一，它与企业文化建设、人力资源管理、财务管理、技术创新等其他重要职能一起构成集团管理控制的主要手段，是集团总部所控制的中心职能。

战略规划管理的主要策略是按照"战略规划金字塔模型"，从分析整体发展战略、业务单元战略、战略实施支撑体系三个维度展开战略规划，重点解决战略规划的核心问题。如图 8-3 所示。

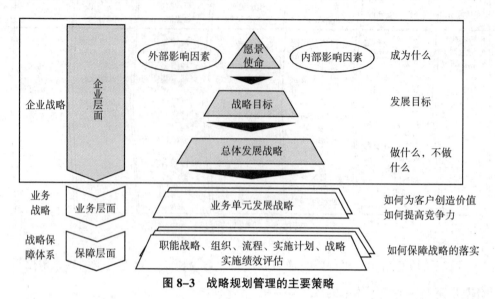

图 8-3　战略规划管理的主要策略

第一是企业战略，是企业最高层次的战略。它需要对企业内外部影响因素进行战略分析，确定企业的使命和目标，这是进行战略规划的依据。而确定企业总体发展目标，明确企业做什么，不做什么。

第二是业务战略，从业务层面规划业务单元发展战略，即如何为客户创造价值，如何提高竞争力。

第三是战略保障体系。企业总体战略和业务单元战略的实施要借助于职能战略，没有职能战略，企业总体战略和业务单元战略将成为空中楼阁。

【案例】

联想公司的战略规划

联想公司的战略规划分为三个层次：集团战略发展纲要、子公司战略规划、业务部门战略规划。

（1）确定集团战略目标及路线。联想集团的中长期战略目标及路线是公司最高层（执委会）定期"务虚会"的主要内容，其形成过程不遵循一个定式，但也是一个反复沟通分析的结果。为了适应 IT 产业的快速变化，战略目标及路线在每年会回顾一遍，并视情况予以局部调整。集团战略目标及路线通过会议发言等形式向集团内外传达。集团战略目标及路线对公司的各项活动具有重要的指导作用，为此集团规划部门制定了"联想集团的规划管理大纲"，对目的、原则、规划职责、阶段做了指导性说明。

（2）子公司层次的战略规划。在集团中长期战略规划和路线的指导下，展开子公司的战略规划。

（3）业务层次的业务规划和经营预算。业务层次的业务规划在联想集团受到全集团上下的高度重视。联想集团召集全国各地的所有高级经理集中进行1~3 天的业务规划、经营预算的培训，推动各级经理人思考和总结、强化经营意识、树立"说到做到"的联想文化。

子公司层次的战略规划是业务部门年度业务规划的重要指导，业务规划的结果落实到每年的经营预算，各业务模块的预算必须与业务规划相联系，在"能量化的量化、不能量化的细化"的原则指导下，业务规划按责任中心和时间进度，分解落实成具体的成本、利润、销量、时间、满意度等指标。

业务规划要求首先确立宗旨、职责，根据宗旨和职责，在非常详细的环境分析基础上得出全年的目标，然后进行经营预算、业务规划、管理规划。

以下是联想电脑公司台式机事业部规划过程：

第一步，启动点是干部的务虚研讨会，基本上是所有处级以上干部都要进行务虚的研讨。这一步的任务是：明确整年工作的指导思想；说出全年的工作目标；确定整个大预算的框架；明确工作，明确谁负责哪一块；确定推进时间表。

第二步，分块多轮次的研讨。各个层次都开会，到达所有员工，提出每一块的规划草稿，全员参与，提高规划的准确性，减少阻力，建立沟通平台。

第三步，分块汇报和修改。这个汇报基本是以事业部所有总经理级以上干部的联系会的方式，对每块的规划进行研讨、修整，然后变成分块和定稿。

第四步，由事业部的经营管理部进行整合。

第五步，向电脑公司的总经理室汇报，然后定出几大修改意见，最终产生规划结果。这一过程历时将近 3 个月，几乎是全员参与。

第三节　战略规划模式

随着竞争环境的快速演变，企业战略规划从曾经的五年规划、十年规划，逐渐演变成需要企业高层拥有的一种常态意识，需要随着新技术的进步、新模式的发展而对企业战略进行调整。

一般而言，战略规划模式一般有如下几种。

一、自主独立规划

在企业高层的授意下，自上而下逐级制订战略规划。这种方式在很多企业里都运用，一般都是通过建立战略管理部门，独立自主地进行战略规划。或者自下而上，以业务单元为核心制订战略规划。

二、委托第三方规划

企业委托负责、守信、权威的管理咨询机构制定。管理咨询机构可以帮助企业从整体上全面梳理长期目标、经营战略和职能战略，形成规范的战略报告和具体的战略实施框架。帮助公司建立从战略制定、战略分解，到实施控制，再到战略反馈纠偏的全过程战略体系。使企业集团的战略管理上升到一个系统的高度，使竞争战略和集团业务组合战略有机结合，帮助大型集团企业管理众多业务单元的竞争规划和集团整体规划。

三、内部协作规划

制订战略规划时，通过内部协作，尽量让每一个业务单元参与战略规划制订过程。公司努力创造一种能够驱使整个组织达成共同愿景的战略，让员工在整个公司内部以新的合作方式制订战略规划，并把战略目标不断分解到员工的绩效考核指标中。越多员工参与这种新的战略规划制订方式，这种战略规划也越具备可执行性。

在实际制订战略规划的过程中，往往是相互结合在一起而操作的。具体问题具体分析，运用一切可用资源制订规划，以实现战略目标和重点。

第四节　战略规划的组织与实施

战略规划的组织与实施是战略规划管理中的重要环节，决定着战略规划管理的成败。

一、谁来组织制订战略规划

对规模已经发展到在行业中具有相当竞争实力和市场地位的公司来说，建立自己强有力的战略规划组织系统是必要的。这个组织并不一定是指每个公司都要设立专门的战略规划部门，而是指公司要有战略规划的组织机能。一个强有力的战略规划组织体系包括三个层级的关系：第一层级是公司的领导层；第二层级是负责战略规划的职能管理部门层；第三层级是战略规划的配合部门层。

制定企业战略一般有三类人：企业老板、职业经理人（总经理级别）、管理咨询公司。

企业战略制定的组织及落实非常重要。一般情况下，战略制定应当由企业高层领导主持，相关部门及员工参与，必要时，可委托专业管理咨询公司协助制定。

【案例】

某大型建筑公司"十三五"战略制定的参与者及其组织

H公司是一家大型建筑公司，该公司为了长远发展，制定了"十三五"战略。战略制定的参与者，有战略领导小组、战略管理工作小组、战略研究课题小组，有公司管理层和基层人员，还有管理咨询公司。这个战略项目是作为企业的科研项目做的，要确保资金落实。

H公司已经连续制订了3个五年战略规划，战略的质量逐次提高，战略分析范围逐步扩大，战略方向、目标也不断适应环境的变化。

为什么这么说？要从名称、战略背景、战略指导思想、参与制定的人员和战略关注的重点来看。

第一次五年规划的背景是"机制影响效率"，主要是将企业改制调整结构作为战略指导思想；参与人员是高层领导、公司内部战略研究课题小组（少数人），关注的重点是企业发展、内部增效。

第二次五年规划的背景是"行业竞争过度、利润水平下滑"，主要是提高核心竞争力作为战略指导思想；参与人员有高层领导、公司内战略研究课题小组、中层管理人员，关注的重点是市场。

而"十三五"战略的背景，H公司开始采用竞争和合作的做法，参与的人员不但有高层领导、全体员工，还有管理咨询机构关注的重点是合作竞争、共同发展、平衡受益。

二、战略规划的实施

战略管理的三个阶段，相辅相成，融为一体，战略设计是战略实施的基础，战略实施是战略评估的依据，战略评估反过来又为战略设计和实施提供经验和教训。三个阶段的系统设计和衔接，可以保证取得整体效益和最佳结果。

（一）战略规划的实施是将战略转化为行动

这主要涉及以下一些问题：如何在企业内部各部门和各层次间分配及使用现有的资源；为了实现企业战略目标，还需要获得哪些外部资源以及如何使用；为了实现既定的战略目标，需要对组织结构做哪些调整；如何处理可能出现的利益再分配与企业文化的适应问题，如何进行企业文化管理，以保证企业战略的成功实施；等等。

（二）战略管理手段决定了战略实施的质量和效果

战略规划制订后，战略的实施并非一成不变的，需要根据战略内外部环境的变化及时对战略进行修正，即对战略进行动态管理，确保战略目标的达成。这种循环往复的过程，更加突出了战略在企业管理实践中的指导作用。如图8-4所示。

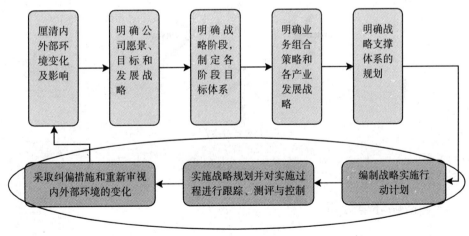

图8-4　战略管理过程

第五节　战略规划的质量控制

企业如何对战略规划发展方案的质量进行考评和控制？必须记住战略规划质量控制的依据不是报告形式的美观、整齐，而是方案内容的质量、水平。当然，战略发展方案涉及公司未来的方向，需要在未来进行大量的资源投入，最终的决定权在于公司的董事会、股东。因此，对战略规划方案的质量应该是以公司董事会、股东是否认可、通过该方案报告为准。

影响战略规划质量的要素很多，企业应通过控制以下"四个节点"来确保战略规划的质量。如图 8-5 所示。

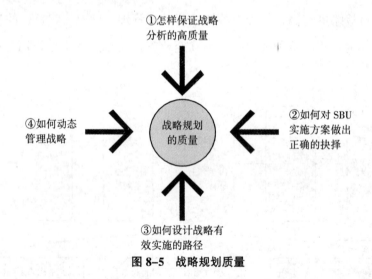

图 8-5　战略规划质量

一、战略环境分析

（一）现状调研诊断的任务

对公司及各业务板块的战略现状进行梳理，对内外部环境因素进行综合分析，为战略制定提供全面的基础信息。

（1）战略与文化现状诊断。通过与公司及业务板块的管理层访谈、业务分析，专题研讨、行业发展趋势研究等方式，对公司的发展战略和企业文化进行梳理，明晰公司未来发展战略方向，从而提出战略对业务组合、组织能力、集团管控、组织架构的要求。

（2）内部资源与战略能力分析。通过对公司现有各业务中产业组合分析和产业结构分析、价值链分析，全面了解公司业务的增值过程和关键环节，以获取有关公司的核心资源和经营优势、资源利用情况和核心竞争力等信息。

（3）标杆研究。开展公司及各业务板块标杆企业与最佳实践做法的研究和分析，借鉴其他行业的优秀成功做法或实践经验。

（二）战略环境诊断的工具和方法

通过采用定性和定量结合的手段和研究工具，深入分析公司目前的业务发展以及内部管理状况。如图 8-6 所示。

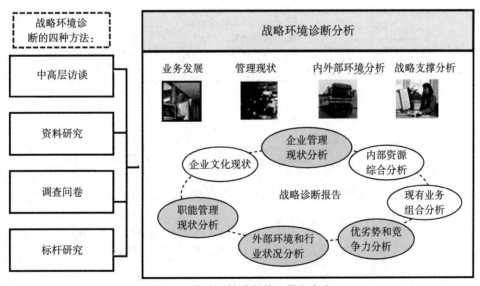

图 8-6　战略环境诊断的工具和方法

（三）企业外部环境分析

通过对外部宏观因素分析（如政府政策、社会、经济和技术等因素）和环境因素分析（行业发展和竞争状况），了解企业经营环境给公司创造的机遇或威胁，明确行业的竞争状况、发展趋势以及对公司的影响，重点在于提高外部分析的准确性。

（四）企业内部环境分析

在获得内部管理现状全面信息的基础上，从不同层面对公司的内部环境（资源和能力）状况进行综合分析，重点在于获得对企业内部战略实施能力和资源获得能力的判断。

根据研究与分析的需要，选择多种方法的组合分析公司内部环境，如图 8-7 所示。

图 8-7　企业内部环境分析

（五）SWOT 综合分析

利用 SWOT 分析矩阵，综合分析公司的内部的优势、劣势，以及面临的机遇和威胁。

SWOT 分析法——在企业综合战略分析方面的应用，如图 8-8 所示。

二、战略定位

战略定位需要明确：发展方向是定性的，朝哪里走；目标位置是定量的，我要走到多远。

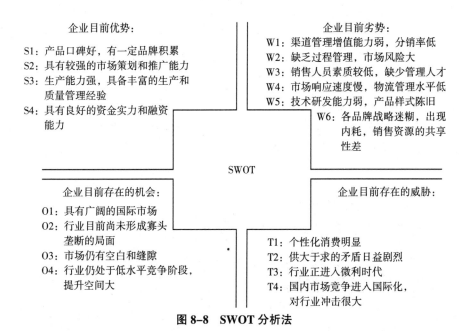

图 8-8 SWOT 分析法

在竞争对手如云的情况下，企业必须找到一种方式令自己与众不同，这是成功定位策略的基础。如果企业打算打开市场，需要一个核心定位，即全局的中心，这便是战略定位。战略定位首先是一个自上而下的过程，这要求高级管理层具备相关的能力及素养。

（一）进行系统的经营理念梳理

将对公司的愿景、使命和价值观进行系统梳理和清晰，使其成为能够推动公司战略发展和实施的动力源泉，成为凝聚人心、共谋发展的文化纽带和基础。如图 8-9 所示。

（二）企业使命、愿景和战略的区别

企业进行战略定位，需要了解使命、愿景和战略的区别。如图 8-10 所示。

（三）发展战略定位

基于对行业发展趋势和公司发展方向的认真考虑与分析，确定公司规划期内的"发展方向与目标位置"。

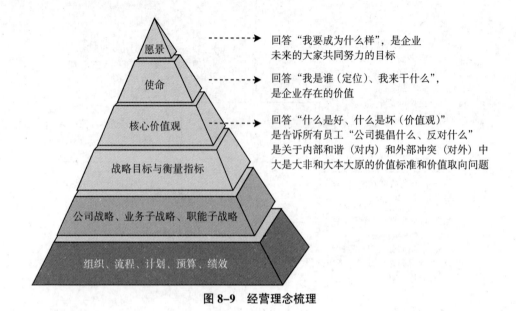

图 8-9　经营理念梳理

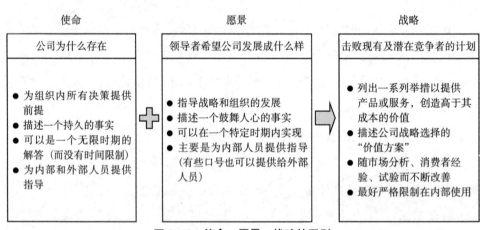

图 8-10　使命、愿景、战略的区别

【案例】

　　J公司是一家金融企业，该公司的发展战略定位是成为多元化业务发展的综合性金融投资控股平台。如图 8-11 所示。

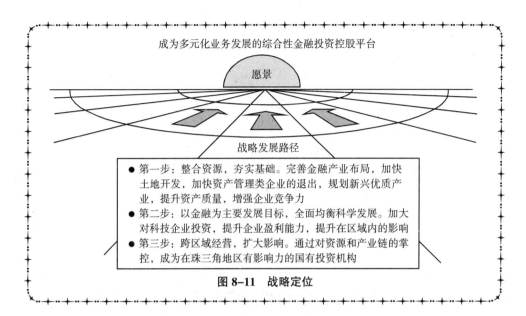

图 8-11　战略定位

（1）战略目标设定体系。根据公司自身的资源优势与运管能力分析，确定公司发展的总体目标，并将总目标分解到 SBU，设定各阶段的具体目标。如图 8-12 所示。

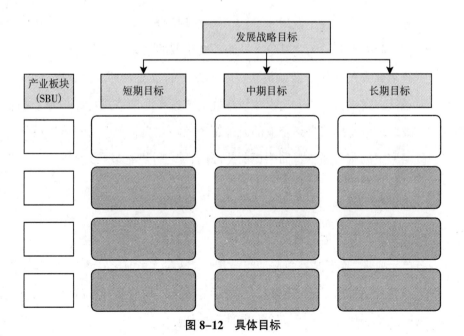

图 8-12　具体目标

（2）按阶段设定战略任务制定公司各发展阶段"战略任务"，使战略实施在不同阶段均具有明确的主题和要求。

（3）制定 SBU 发展战略针对公司现有的业务形态，制定出各产业板块（或业务单元，即 SBU）的具体发展战略，如积极推进战略、优化发展战略、适度发展战略、逐步退出战略……

（4）主营业务模式优化设计根据主营 SBU 战略方案，对现有 SBU 中的哪些业务保留、哪些业务剥离，进一步提出业务模式优化设计，强化战略的可操作性。

（5）业务模式优化设计采用科学的分析方法，对众多的业务进行对比分析，选择那些与战略目标一致，市场前景好，自身优势强的业务，优先发展，便于集中资源优势，减少浪费达成战略目标。

（6）业务战略发展规划为公司构建三个层面的业务战略发展模式，对当前"核心业务、新建业务（树苗）和未来可选业务（种子）"进行三个梯度的战略规划，为公司的可持续发展奠定基础。

三、战略方案

战略方案是为了实现企业战略目标，根据环境分析的结果，比较企业现时的能力与目标之间的差距，为弥补这个差距而要采取的政策策略和行动计划。

根据统筹兼顾的原则，要制订至少三种以上的备选方案，并制定评估标准。同时，对备选方案进行评估，选出相对最优的方案作为即将执行的战略，并制定应急战略。所谓应急战略是指企业的风险管理战略，是企业应对不确定性的备选战略。战略方案的制订要本着简明扼要的原则，既要明确又要有弹性。

四、战略类型

总体战略，包括发展战略、稳定战略、收缩战略三种基本类型。

业务单元战略，包括成本领先战略、差异化战略、集中化战略三种基本类型。

职能战略，包括市场营销战略、生产运营战略、研究与开发战略、人力资源战略、财务战略、信息战略等多个职能部门的战略。

五、战略选择

战略选择是回答"企业走向何处"。企业需要制订战略选择方案。在制定战略过程中，可供选择的方案越多越好。企业可以从对企业整体目标的保障、对中下层管理人员积极性的发挥以及企业各部门战略方案的协调等多个角度考虑，选择自上而下的方法、自下而上的方法或上下结合的方法制订战略方案。

六、实施路径

在战略构想的基础上，通过定量模型对各战略的实施路径进行评价，选择最适合公司内外部条件的战略实施路径。如图 8–13 所示。

评价指标解释	评价指标	指标解释				
	实施难度	● 发展路径可能遇到的障碍大小和所需资源投入的多少				
	对目标达成的作用	● 对战略目标达成作用的大小				
	实施风险	● 达成目标的不确定性和可能产生的负面效果				
	分析结论	● 对发展路径的综合评价结果				

评价指标得分标准	定性评价 分值 指标	很大	较大	一般	较小	很小
	实施难度	1	2	3	4	5
	对目标达成的作用	9	7	5	3	1
	实施风险	1	2	3	4	5

发展路径选择标准		选中措施			放弃措施	
	分析结论	优秀	良好	一般	较差	很差
	三项指标得分之和	15 以上	12/13/14	10/11	8/9	7 以下

图 8-13 定量化战略计划矩阵 QSPM 模型

七、战略备选方案

企业在对战略环境进行充分分析的基础上，拿出各种初步战略方案。初步战略方案越多越好。在战略制定过程中，需要对战略方案进行系统检测，以保证战略方案的相容性，应剔除背离企业战略的备选方案。

评估战略备选方案通常使用三个标准：一是适宜性标准，即考虑选择的战略是否发挥了企业的优势、克服了企业的劣势，是否利用了外部环境提供的机会、将外部威胁削弱到了最低程度，是否有助于企业实现目标；二是可接受性标准，即考虑选择的战略能否被企业利益相关者所接受；三是可行性标准，即考虑企业是否有相应的资源和能力实施该战略。

选择战略，即最终的战略决策，确定准备实施的战略。如果由于用多个指标对多个战略方案的评价产生不一致的结果，最终的战略选择可以考虑以下几种方法：一是根据企业目标选择战略；二是提交上级管理部门审批；三是聘请外部的管理咨询机构进行战略选择工作，管理专家广博和丰富的经验能够提供较客观的看法。

第六节　战略规划评估

由于企业所在的内外部环境的变动性，决定了要保证战略管理过程的顺利实现，必须通过战略规划评估体系对制定并实施的战略效果进行评价，以便采取相应的完善措施。可见，战略规划评估决定着战略管理的成败。

一、战略规划评估机制

战略规划评估是检测战略实施进展，评价战略执行业绩，不断修正战略决策，以期达到预期目标。战略规划评估包括三项基本活动：考察企业战略的内在基础；将预期结果与实际结果进行比较；采取纠正措施，以保证行动与计划的一致。

战略规划评估是一项系统工作，当进行战略规划评估时，首先要把所涉及的问题、过程、部门或体系等看成一个系统。研究其结构、输入、输出、环境以及环境与结构的交互作用、整体运行等方面。其次通过分析与改造，建立以下功能性的子系统：战略评估者模块，战略评估对象模块，战略评估方法、战略指标、标准模块，战略评估系统组织机构模块，战略数据资料及专家咨询系统模块。最后经过以上构建，便得以进行战略规划综合评估。所谓战略规划综合评估，是通过定性分析与定量评判两种手段达到全面战略规划评估的目的。

战略规划评估的总体框架，如图 8-14 所示。

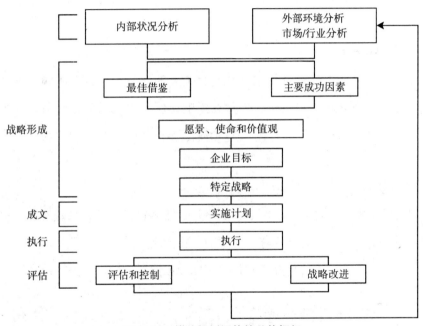

图 8-14 战略规划评估的总体框架

二、战略规划评估标准

(一) 一致性

战略的关键作用是与企业的活动相一致。然而，在实际工作中，不一致性是司空见惯的。例如：协调和计划上的问题是由于管理不善还是人为因素所致；战略是否与企业的价值观相一致。

（二）和谐与适合性

企业战略必须配合和适应环境的变化。例如：战略选择方案在多大程度上处理了战略分析过程中发现的问题；战略是否善用了企业的优势和机会；战略是否与目标相一致；战略在处理瞬息万变的环境变化方面是否有足够的灵活性。

（三）可行性

在企业设备、人力和财务资源制约因素的情况下能否推行所制定的战略，是关键的问题。例如，企业是否有解决问题或者实施战略所需要的特别能力；企业是否有实施战略所必备的协调和综合能力；企业是否有实施战略所需的资金；企业是否有能力应付竞争对手的行动。

（四）可接受性

可接受性意指战略是否与主要利益相关者的期望相一致，例如，财务风险变化如何；战略会对资本结构产生什么影响；所考虑的战略是否适合现行的系统；是否需要大幅度的变革；战略对企业内部各部门的职能和活动会产生什么影响？

（五）优势性

判断战略规划的优势性，例如，战略是否能通过提供值得信赖和可靠的产品与服务而给企业带来一定的声誉；在满足市场需求的过程中，战略是否有助于企业积累独特的经验；战略是否能使企业在地理位置上更接近主要的顾客。

三、战略规划评价流程

在完成确定战略目标、制订战略规划两个步骤之后，战略规划工作进入第三个阶段：评估企业战略规划。评估企业战略规划有五个步骤：

（1）对制订战略规划的背景情况进行评估，即对企业经营的历史是否提供了足够的背景资料；宏观环境是否被充分地估计等。

（2）有关商业机会的评估，包括是否寻找到最好的机会，所有的机会和不利的风险是否都被识别出来。

（3）对战略方案本身的评估，是否考虑了所有可能的战略方案？

（4）与财务相关的情况的评估。例如，建议的战略项目是否必要；是否提供合理的资金保证，财务资料是否清晰而连贯；特别是对于中短期的战略规划，更有必要把财务情况写得详细些。

（5）对战略的可操作性进行评估。优秀的战略规划应该具有可操作性。战略规划的实施必然导致一定程度的变革，那么这些变革所达到的目标和企业文化是否能和谐共存。

通过这五步的评估，基本可以确认战略规划是否可行。

第七节　战略决策管理

战略决策是解决企业全局性、长远性、战略性的重大问题的决策。一般多由企业高层管理者做出。战略决策是企业经营成败的关键，它关系到企业生存和发展。

战略决策是战略管理中极为重要的环节，具有承前启后的枢纽作用。战略决策依据战略分析阶段所提供的决策信息，包括行业机会、竞争格局、企业能力等方面。战略决策要综合各项信息确定企业战略及相关方案。战略决策模型主要有SWOT模型。

战略决策是企业经营成败的关键，它关系到企业生存和发展。决策正确可以使企业沿着正确的方向前进，提高竞争力和适应环境的能力，取得良好的经济效益；反之，决策失误，会给企业带来巨大损失，甚至导致企业破产。

战略决策阶段分为战略定位决策、战略指标决策、业务战略决策三个步骤。

一、战略定位决策

战略决策阶段首要任务是战略定位问题，相当于制定"做什么"的公司战略，重点包括市场范围定位和产品门类定位，两者密切联系，组合形成一定的战略单元。

二、战略指标决策

在企业战略定位决策之后，企业需要确定各战略单元的战略指标目标值，重点包括净利润指标、企业资本收益率目标、资本投入目标、市场份额目标、资本产出目标等。

企业要对不同战略单元相关指标值进行综合分析，包括不同战略单元净利润的构成比重、资本量的比重、相对竞争力比较等，以优化调整各战略单元的战略目标，促进整体经营最优化。

三、业务战略决策

在战略定位决策和战略指标决策基础上，企业需要制定保障指标实现的相关业务战略。重点包括提高企业资本收益率的业务战略，如成本领先战略、质量领先战略；提高可投入资本量的业务战略，如融资战略、并购战略等；提高市场份额的业务战略，如低价战略、渠道战略等；提高资本产出的业务战略，如精益生产战略、流程再造战略、信息化战略；等等。提高净利润的目标依赖于以上各项业务战略的制定和实施。

业务战略决策需要业务职能领域的专业分析。此处的分析不同于战略管理循环中的战略分析，其分析内容要广泛和灵活。对业务战略决策要有其自身的目标和行动方案，对业务战略实施所制定的具体保障措施可不列为业务战略决策的内容，可作为战略实施阶段的内容。

第八节　组织战略规划的任务与内容

所谓战略规划，就是制定组织长期发展方向、发展目标和发展模式，并提出科学的、系统的、前瞻性的实施方案和实施路径的过程，它是一个高度专业化、综合化的工作过程。制订战略规划的主要方式有：企业领导层授意，自上而下逐级制定，这种方式在很多企业里都运用；自下而上地制定战略规划，以业务单位为核心制定，最终由总部汇总形成总体发展战略；由企业领导层建立战略规划部门，由战略规划部门制定。

一、如何组织战略规划工作

第一，企业需要有效的战略管理组织保障。发展战略关系着公司的现在和未来，公司各层级都需要给予高度重视和大力支持，要在人力资源配置、组织机构设置等方面提供必要的保证。

第二，在治理结构层面，公司应当在董事会下设立战略委员会，或指定相关机构负责公司发展战略管理工作，履行相应职责。

战略委员会对董事会负责，委员包括董事长和其他董事。战略委员会委员应当具有较强的综合素质和实践经验。战略委员会主席应当由董事长担任；委员中应当有一定数量的独立董事，以保证委员会更具独立性和专业性。必要时，战略委员会还可聘请社会专业人士担任顾问，提供专业咨询意见。

战略委员会的主要职责是对公司长期发展战略和重大投资决策进行研究并提出建议，具体包括：对公司的长期发展规划、经营目标、发展方针进行研究并提出建议；对公司涉及产品战略、市场战略、营销战略、研发战略、人才战略等经营战略进行研究并提出建议；对公司重大战略性投资、融资方案进行研究并提出建议；对公司重大资本运作、资产经营项目进行研究并提出建议等。为确保战略委员会议事过程透明、决策程序科学民主，公司应当明确相关议事规则，对战略委员会会议的召开程序、表决方式、提案审议、保密要求和会议记录等作出明确约定。

第三，对于经营团队而言，总经理一定要建立一个高素质的企业管理及战略规划部门。这样的专职管理部门主要开展两方面的工作：一是在战略制定之前，作为智囊机构为决策者提供大量的内外部信息资源，为决策提供给养；二是在战略制定后，负责有效的分解、协调、落实、监督和调整。

第四，战略的制定过程对企业来说是组织各环节进行目标一致性协调的过程，因此制定中的大量讨论、沟通工作是非常必要的。在战略制定过程中，组织各层级充分参与，在制定的过程中达到引领方向、规避风险、达成共识。在这里，通过头脑风暴、战略研讨会、各种宣贯学习活动等方式方法，可以使企业的战略真正做到在内部达成共识。

二、 如何与外部咨询机构合作开展战略规划工作

企业战略规划是指依据企业外部环境和自身条件的状况及其变化而制定和实施战略，并根据对实施过程与结果的评价和反馈而调整，制定新战略的过程。由于战略规划的专业性，企业开展战略规划工作时，可邀请专业管理咨询公司操盘完成。通过聚合战略专家、行业专家，可以帮助企业解决在战略制定及实施的过程中遇到的焦点问题。例如，通过专业机构对战略环境和战略管理的全面分析与深入研究、使从业者深度了解所处行业的整体发展态势；竞争环境；主流竞争对手；了解国内外的标杆企业成长路径、失败教训、成功经验；通过专家的洞察力对未来的行业走势及新利润区域有所判断，聆听来自实业、实操、商业运营的经验之谈。

以中略管理咨询公司为例，通常情况下，中略管理咨询公司提出切合公司实际的战略规划咨询方案，还需要以下内容：深入广泛的内部调研；内外部环境的详细分析；与决策层之间的充分沟通；基于事实的数据分析；管理工具的创造性运用；切实可行的评价建议。

在展开上述工作的过程中，中略管理咨询公司将不断检验、修正甚至推翻初

始的判断，最后形成切实可行的适合公司的战略咨询方案。

综合对企业战略规划需求的背景理解和需求分析，中略管理咨询公司对战略规划的咨询模块与服务范围界定，如图 8-15 所示。

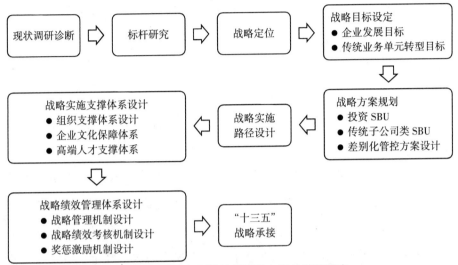

图 8-15 战略规划的咨询模块与服务范围界定

战略规划实施的里程碑划分：战略规划项目将按以下"四个里程碑"来组织实施，如图 8-16 所示。

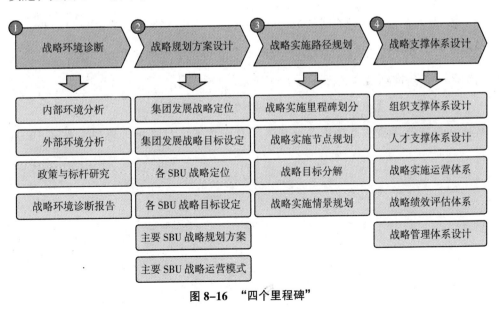

图 8-16 "四个里程碑"

本章回顾

※ 战略规划模型对于企业的战略发展和战略管理具有重要意义。战略规划模型可以通过引入战略管理理论，以及战略管理实践进行构建。在战略规划模型的应用中，应该注意组织运行的保障体系、战略思维的多视角、战略规划等问题。

※ 战略管理体系的具体职能包括战略研究、战略情报、战略组织、战略控制。这四个主要职能交织在一起，不可能机械性地分开。

※ 战略规划过程分为四个阶段、七个步骤完成，各阶段间是层层递进的逻辑关系，最终实现 PDCA 的计划循环。

※ 战略规划管理的主要策略是按照"战略规划金字塔模型"，从分析整体发展战略、业务单元战略、战略实施支撑体系三个维度展开战略规划，重点解决战略规划的核心问题。

※ 战略规划的组织与实施，是战略规划管理中的重要环节，决定着战略规划管理的成败。

※ 影响战略规划质量的要素很多，企业应通过控制"四个节点"的工作确保战略规划的质量。

※ 由于企业所在的内外部环境的变动性，决定了要保证战略管理过程的顺利实现，必须通过战略规划评估体系对制定并实施的战略效果进行评价，以便采取相应的完善措施。

※ 战略决策是战略管理中极为重要的环节，具有承前启后的枢纽作用。战略决策要综合各项信息确定企业战略及相关方案。战略决策模型主要有 SWOT 模型。

第九章
战略预算管理

【章节导读】

战略预算是以企业战略为导向，对战略资源的全面预算，它既包含经营性刚性资源（能源、交通、设备、工具、场地……），又包括资金、技术、人才、信息情报及管理平台和体系。战略预算是企业管理、绩效管理的前提。预算绩效绝对不是一般的平衡计分卡与 KPI 指标能够替代的，它能把绩效管理放大到整个企业和全部人员，让每一个人都相互促进而且相互博弈，最终找到一个各自利益最大化的平衡点。

战略预算既包含总体预算，也包含战略实施全过程中各阶段的动态预算作业，需要依据战略目标和战略绩效达成的实际情况，结合企业内部的管理改善程度和战略资源的变化情况，不断地做出动态的预算调整，使有限的战略资源能确保在各业务单元之间合理的分配，确保各业务战略目标达成所需要的资源得以保障。战略预算要求企业将战略目标达成所需要的战略资源维度，在组织内部进行空间的纵向层级分解、横向的单元间分解。同时，按照战略规划周期和战略实施阶段的划设，进行时间轴的分解——分解到年度、半年、季度，然后规范每个有效动作来灵活地执行和控制，使战略实施为战略目标服务。

第一节 企业为什么需要战略预算管理

战略预算管理实现了预算管理的全过程互动。战略预算管理建立在以企业战略目标以及战略为指导的成功要素和关键绩效指标的基础之上，将企业战略目标、长期计划、实际执行和员工个人目标联系起来，可实现预算的全过程、互动性的管理。

企业需要战略预算管理，体现在：

（1）战略预算代表了企业管理的最高境界。它能够解释企业里存在的种种问题并对症下药，它能够保证员工自动自发、相互监督、相互促进的实现企业战略目标。

（2）战略预算代表了财务管理的最高境界。它始终走在财务管理的最前端，引导企业的财务管理朝着战略的方向前进，以此实现战略目标。它衔接了各个子公司、各个业务单元的全部运作，涵盖整个企业全员的预算绩效等。

（3）战略预算代表了绩效管理的最高境界。预算绩效绝对不是一般的平衡计分卡与KPI指标能够替代的，它能把绩效管理放大到整个企业和全部人员，让每一个人都相互促进而且相互博弈，最终找到一个各自利益最大化的平衡点。

（4）极大地提升企业战略管理水平与管理境界。市场变幻莫测，计划跟不上变化，能在变化中做好计划是一种境界。它将战略矩阵、企业文化、财务管理、人力资源管理等完美无瑕地整合到企业的战略预算管理系统当中，本身就是浓缩的精华。

第二节 战略成本管理与预算

随着企业经营管理活动提高到战略层次，战略成本管理已越来越重要。企业通过将成本管理会计导入企业战略管理并与之融合，加强战略成本预算和控制，分析成本动因，降低成本，提高经济效益，才能在激烈的竞争中立于不败之地。

战略成本预算和管理的基本目标是寻求企业长久的核心竞争能力。战略成本管理的基本内容有战略环境分析、战略定位分析、价值链分析和成本动因分析、战略规划及预算等。

一、战略成本管理

战略成本的提出基于战略管理需要，是将成本信息的分析与利用贯穿于战略管理循环，以有利于企业优势的形成和核心竞争力的创造。

战略成本管理是指企业运用一系列的成本管理方法，以达到加强战略位置和降低成本的目的。这基本反映了战略成本预算的战略目标导向，也是一种直观的表象。从内在的战略层面去分析，成本管理是企业管理中的一个重要组成部分，在成本管理中导入战略管理思想，实现战略意义上的功能扩展，便形成了战略成本管理。

二、战略成本管理与传统成本管理的关系

传统的成本管理是要实现简单的"降低成本"，强调以企业内部价值链耗费为基础，通过管理手段对现实生产活动加以指导、规范和约束，最大限度地降低企业各种经营活动成本，以实现成本最小化和利润最大化。其弊端突出表现为缺乏对企业外部环境分析，丧失了成本管理前瞻性，约束了成本管理创新，难以与

战略管理协调，不能为企业战略管理提供有用的成本信息。

战略成本管理的首要任务是关注企业在不同战略下如何组织成本管理，即将成本信息贯穿于战略管理整个循环之中，通过对公司成本结构、成本行为的全面了解、控制与改善，寻求长久的竞争优势。

成本优势是战略成本管理的核心，主要指企业以较低的成本提供相同的使用价值，进而产生相对于竞争对手的优势，将成本管理层次提升到战略管理层次；同时，创新成本管理的方法和手段，更好地满足了战略管理对成本信息的需求。

三、战略成本管理的基本步骤

（1）战略环境分析。战略环境分析是战略成本管理的逻辑起点。通过对企业战略成本管理内部资源和外部环境的考察，评判企业现行战略成本的竞争地位——强项、弱点、机会、威胁等，以决定企业的价值链活动。环境分析的基本方法是价值链分析，通过对行业价值链分析，以了解企业在行业价值链中所处的位置；对竞争对手分析，以了解竞争对手的价值链，从而达到知己知彼，洞察全局，以确定战略成本管理的方向。

（2）战略规划。战略规划首先在明确战略成本管理方向的基础上确定战略成本管理的目标，准确的目标有助于战略的制定、实施和控制。为了实现所确定的目标，应根据企业内部资源、外部环境及目标要求，制定相应的基本战略、策略及实施计划。

（3）战略实施与控制。在战略实施过程中，由于内部资源、外部环境的变化，会使实施过程产生偏差，因此需进行战略控制，从而控制成本动因。企业只有控制成本动因，才能真正控制成本，保证战略成本管理目标的实现。

（4）战略业绩计量与评价。战略业绩计量与评价是战略成本管理的重要组成部分。业绩计量与评价通常包括业绩指标的设置、考核、评价、控制、反馈、调整、激励等。企业需要将战略思想贯穿于战略成本管理的整个业绩评价之中。

四、企业实施战略成本管理的意义

首先，战略成本管理的形成和发展，有利于企业参与市场竞争。其次，战略成本管理是建立和完善企业现代成本管理体系、加强企业成本管理的必然要求。再次，战略成本管理的有效应用和实施，有利于更新企业成本管理的观念。企业采用何种成本战略，取决于企业的经营战略和竞争战略，成本管理必须为企业战略管理服务。最后，战略成本管理的有效应用和实施，有利于加强企业的经营管理，改善企业的经营业绩。

战略成本管理是战略管理顺利实施的基石，应用战略成本管理有助于企业从战略的角度把握企业的成本管理。通过战略定位、价值链分析、作业成本法等各种方法，利用不同的成本管理重点来支持企业不同的竞争战略。

第三节　业务单元子战略的投资预算

业务单元子战略也称业务层战略、事业部战略，属于第二层的战略。它是在总体战略（公司层面）的指导下，经营管理某一特定战略经营单位的战略计划，是总体战略之下的子战略。它的重点是怎么在市场上实现可持续的竞争优势，或者是改进一个战略经营单位在它所从事的行业中所提供产品和服务的竞争地位。

一、业务单元子战略制定

业务单元子战略通常由业务部门在公司战略指导下负责制定。企业最高管理层往往将业务部视为企业内部具有高度自主权的战略经营单位。在企业总体目标和总体战略的范围内，允许各业务部门发展自己的经营战略，允许他们对本业务部范围内产品与服务的生产、销售、成本控制、销售利润率等不同方面有较自由的安排处置权。

二、业务单元子战略的投资预算

业务单元子战略的投资预算应纳入公司总体财务战略规划，并通过财务预算管理对业务单元子战略的投资活动的现金流量进行控制。

公司应加强对业务单元子战略的投资项目的管控，放弃收益少而慢、占用资金大的项目，尽快回笼资金。公司需要建立和完善创新业务单元投资立项、审批、控制、检查和监督制度；统筹创新业务单元战略预算编制、汇总、审核、上报、反馈以及分解、下达等工作；组织创新业务单元预算执行分析、预测、调整工作，并完成战略预算报告，会同战略管理部门制定公司及业务单元子战略的投资决策方案。

三、业务单元子战略作用

业务单元子战略的目的是为了对那些影响企业竞争成败的市场因素变化作出正确反应，需要协调和统筹安排企业经营中的生产、财务、研究与开发、营销、人事等业务活动。业务单元子战略可以为这些经营活动的组织和实施提供直接指导，明确从哪些方面提高企业的竞争能力，以及如何提高企业的竞争能力。

公司层战略与业务层战略的根本不同在于，公司层战略要统筹规划多个战略业务的选择、发展、维持或放弃，而业务层战略只就本业务部从事的某一战略业务进行具体规划。

第四节 功能子战略的投资预算

企业发展战略规划的有效实施，需要功能子战略规划，即"企业文化、人力资源、技术创新、产品规划、市场开发、营销体系"等一系列功能子战略的配套。如图 9-1 所示。

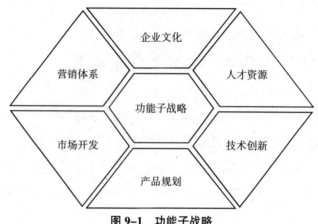

图 9-1　功能子战略

功能子战略是按照总体战略对企业内各方面职能活动进行的系统谋划，是对企业总体战略的细化、深化和明朗化。形象地说，总体战略是功能子战略的纲领、依据和指引，功能子战略是在具体职能上的承接、支撑和延伸。科技、人才、资本运营、企业文化与品牌是支撑公司战略发展的核心职能，虽未囊括企业所有重要职能领域，却是所有重要职能中的"提纲挈领"。

在一个企业中形成由总战略、业务单元子战略、功能子战略构成的完整战略体系，是一项艰巨复杂的系统工程。正是因为业务单元子战略和功能子战略具有开创性和挑战性，更需要企业提高认识，厘清思路，调动所有智慧和力量，把子战略做成精品，构建起科学有效、支撑牢固的战略管理体系。

功能子战略的投资预算过程，是企业战略细化落地的过程，是引导各级组织进行战略思考、战略决策、战略发展的过程，是一步一步走近总体战略目标的过程。

通过功能子战略的投资预算，最终要构建三个层级分明、功能完整、衔接有序的战略体系：科学务实、承接有序、未来可形成巨大收益的发展战略体系；从制定到考核、评估、调整的战略管理体系；一支高素养的战略研究和战略管理队伍体系。

第五节　财务战略与预算

战略预算代表了财务管理的最高境界。它始终走在财务管理的最前端，引导着企业的财务管理朝着战略的方向前进，以此实现战略目标。

财务战略是在企业总体战略目标的统筹下，以价值管理为基础，以实现企业财务管理目标为目的，以实现企业财务资源的优化配置为衡量标准，所采取的战略性思维方式、决策方式和管理方针。企业财务战略的目标是确保企业资金均衡有效流动而最终实现企业总体战略。

财务战略是企业总体战略的一个重要组成部分，企业战略需要财务战略来支撑。财务战略要体现企业整体战略的要求，为其筹集到适度的资金并有效合理投放，只有这样，企业整体战略方可实现。

一、财务战略的选择

财务战略一般有扩张型财务战略、稳健型财务战略、防御收缩型财务战略。企业财务战略的选择，决定着企业财务资源配置的取向和模式。

财务战略要适应内外环境的变化，企业总体财务战略思想必须着眼于企业未来长期稳定的发展，具有防范未来风险的意识。企业财务战略选择必须考虑经济周期波动情况、企业发展阶段和企业经济增长方式，并及时进行调整，以保持其旺盛的生命力。

二、财务战略的制定程序

作为企业战略管理的一个子系统——财务战略的制定与实施，除考虑企业内外部环境外，还要着重考虑企业整体战略要求。

制定财务战略，首先要对财务战略环境进行分析，即要收集各环境的信息及其变化过程与规律，分析预测环境的未来状况及其对资金流动所产生的重大影响，如影响的性质、程度、时间等；其次要分析企业自身的财务能力，并结合企业整体战略的要求，编制、设计具体财务战略方案；最后通过对各战略方案的评价，选出满意的方案。

三、财务战略的实施与控制

财务战略的实施与控制需要遵照战略原则，以企业战略为指导思想，评价各分期目标实现情况，并进行有效的控制。

制定与实施前，除了考虑财务战略要求，还得关注组织情况，即建立健全有效的战略实施的组织体系，动员全体员工参加，这是确保战略目标得以实现的组织保证；同时明确不同战略阶段的控制标准，将一些战略原则予以具体化。

财务战略实施完毕后，应对其实施进行评价，这是分析企业预测、决策能力的很好途径，同时也为以后发展积累管理经验，吸取教训，为下一步财务战略管理奠定基础。

通过对企业内外部环境分析并结合企业整体战略的要求，提高了企业财务战略管理能力，即提高了企业财务系统对环境的适应性；财务战略注重系统性分析，提高了企业整体协调性，从而提高了企业的协同效应；财务战略着眼于长远利益与整体绩效，有助于创造并维持企业的财务优势，进而创造并保持企业的战略竞争优势。

第六节 人力需求预算

人力需求预算是人力资源部门根据企业的发展战略以及企业上一年度的人员

统计情况，对下一年度人员需求的预测情况，并使之成为下一年度企业人力资源管理活动的指南。人力需求预算完成以后并不是静态不变的，应根据企业的实际情况可以变更、修改和完善，使之具有现实可行性，因此一般采用滚动预算方式以适用企业发展的需要。

人力需求预算不仅有利于人力资源计划工作，也有利人力资源的组织工作和控制工作。更重要的是，它提供了战略目标达成需要怎样的人力资源支撑，以及为消除人力资源现状与战略需求之间的差距应该付出怎样的行动。

一、人力需求预算与战略预算的关系

战略预算以企业战略为导向，以战略目标达成对人力资源的客观需求为人力需求预算的起点。人力需求预算主要是在组织指导原则和程序范围内按照组织战略目标调整人力需求的预算，通过优化配置企业人力资源以及实行滚动、灵活的过程控制程序保证战略目标得以实现的管理方法。

战略预算囊括人力需求预算，人力需求预算只是企业战略预算的关键内容。战略预算极大地提升了企业管理水平与管理境界。它将战略矩阵、企业文化、财务管理、人力资源管理、人力需求预算等完美无瑕地统合到企业的战略预算系统中，本身就是浓缩的精华。

二、战略预算对人力需求预算的客观要求

战略预算是实现企业长期目标、增强企业竞争优势的基本策略方法。企业成败关键看企业有无正确的战略预算。战略预算是导向，若战略预算错了，人力需求预算与统筹的结果可能偏离企业目标更远。

不同的战略预算对人力需求预算的要求不同，因而人力需求预算必须以战略为导向，才能对战略预算具有支持而不是相反的作用。战略预算对人力需求预算的客观要求是建立以战略为导向的人力需求预算思想。通过人力需求预算来支撑与保障战略预算的实施和目标达成。

三、战略导向的人力需求预算思想

企业战略目标指引着公司的人力需求预算，企业战略的不同决定了企业的发展思路与人力需求预算策略的差异。不同类型的企业与同一企业不同时期的人力需求预算侧重点也不尽相同。所以企业人力需求预算应充分考虑和适应企业战略的变化。人力需求预算必须以保障企业战略目标达成为前提，这样人力需求预算才能支撑企业战略目标实现。

从另外一个角度说，人力需求预算目标要有战略性。企业战略是企业长期经营的总括方针，应该体现在人力需求预算中。企业战略如果没有人力需求预算作为支撑，将不具备可操作性；没有战略作为指引的人力需求预算是没有目标的预算，难以提升企业价值、完成企业战略目标。以企业战略为导向的人力需求预算将推动企业核心竞争力的持续提升，使企业在一个更高的水平下发展，所以人力需求预算思想一定要具有战略视角。

四、既需要预算人力需求，更需要预算人才结构与质量

集团公司进行人力需求预算时，不仅要从数量上解决好人力资源的配置，而且还要从质量上确定使用人员的标准，从素质结构上实现人力资源的合理配备。搭建关键岗位人才的管理体系，才能实施高效人力资源管控。

公司预算人才结构和质量，要进行岗位的战略价值分析：基于公司各类战略目标的关键驱动因素分析承载战略目标的 KPI 岗位，规划集团的整体人力资源需求。在确定了核心岗位后，应对核心岗位的人才供需状况进行分析、预测，便于公司有计划地进行核心人才的管理。

同时，关注相关外部企业的数据以及自身各类人员比例关系的变化，进行人才结构总体控制与调整。

五、人力需求预算水平体现了 HR 对组织战略的支撑与保障能力

很多集团公司都不缺少好的战略和宏伟的目标，问题在于，组织的目标如何

达成及实现以及战略如何落实。企业人力需求预算的核心任务：如何把员工作为活的资源加以利用和开发；如何使人力资源成本投入达到最佳的收益，使企业人力资源管理达到经济、高效率的水平，更好地服务于组织战略目标。

人力需求预算和控制对于集团公司来说十分重要，而人力需求预算水平也体现了 HR 对组织战略的支撑和保障能力。从根本上讲，人力需求预算水平的高低会影响组织战略的实施，当组织战略与人力需求预算技术相匹配时，组织就有了战略达成的支撑与根本保障。

本章回顾

※ 战略预算是以企业战略为导向，对战略资源的全面预算，既包含经营性刚性资源（能源、交通、设备、工具、场地……），又包括资金、技术、人才、信息情报及管理平台和体系。战略预算是企业管理、绩效管理的前提。

※ 战略预算既包含总体预算，又包含战略实施全过程中各阶段的动态预算作业，需要依据战略目标和战略绩效达成的实际情况，结合企业内部的管理改善程度和战略资源的变化情况，不断地做出动态的预算调整，使有限的战略资源能确保在各业务单元之间合理的分配，确保各业务战略目标达成所需要的资源得以保障。

※ 战略成本预算的基本目标是寻求企业长久的核心竞争能力。企业将成本管理会计导入企业战略管理并与之融合，加强战略成本预算和控制，分析成本动因，降低成本，提高经济效益，才能在激烈的竞争中立于不败之地。

※ 业务单元子战略的投资预算应纳入公司总体财务战略规划，并通过财务预算管理对业务单元子战略的投资活动的现金流量进行控制。

※ 企业发展战略规划的有效实施，需要功能子战略规划，即"企业文化、人力资源、技术创新、产品规划、市场开发、营销体系、财务规划"等一系列功能子战略的配套。

※ 财务战略是企业总体战略的一个重要组成部分，企业战略需要财务战略

支撑。财务战略要体现企业整体战略的要求，为其筹集到适度的资金并有效合理投放，只有这样，企业整体战略方可实现。

　　※ 人力需求预算不仅有利于人力资源计划工作，也有利人力资源的组织工作和控制工作。更重要的是，它提供了战略目标达成需要怎样的人力资源支撑，以及为消除人力资源现状与战略需求之间的差距应该付出怎样的行动。

第十章
战略实施管理

【章节导读】

战略实施，即战略执行，是为实现企业战略目标而依照战略实施路径，对战略规划方案的实施与执行。企业在明晰战略定位和战略目标之后，必须专注于如何将其落实转化为实际的经营行为和业务绩效，并确保实现。

要保证战略实施成功，必须协调好企业战略、组织结构、企业文化和风险控制诸方面。不同的战略和环境，对企业的要求不尽相同，所以要求有不同的组织结构设置、文化价值观和内部控制体系。

战略实施管理，即进行战略目标管理、战略修订管理、战略实施资源保障、战略实施支撑体系保障、战略实施绩效年度评估等。

第一节　战略实施情景

战略实施情境规划是一项为了正确实施企业战略、对外来情境进行探索的管理模型。情景规划法适用于战略的分析、制定和实施。

一、战略实施情景规划法的作用

把战略实施情景规划运用在战略管理中，有如下几个功能。

（1）健全决策机制。企业依据多种可能的未来拟订战略实施计划，作出健全的决策。在制定决策的时候，战略管理部门至少要考虑三种以上的情景，应选择可能影响企业未来战略方向的因素，并分析各因素未来可能出现的状态。

（2）增强企业的洞察力。战略实施情景分析让员工变得更加敏锐，通过新的方式识别出现实中发生的各种事件。通过情景规划，模拟不同的未来竞争场景，才能增强企业对未来的判断力。

（3）激活管理体系。企业在组织体系中应推广战略实施情景规划的方法，以此来影响下级的决策制定。通过情景方法成为组织制定战略决策的基本规则，激活组织的活力和动力。

（4）完善战略方案和措施。企业通过自上而下和自下而上的方式，完善不同场景的应对决策和措施。这样有利于企业形成共同的心智模式，在企业文化氛围塑造的同时，战略执行力进一步增强。企业通过领导层面自上而下的促动，推动战略实施情景成为企业战略思考和决策的一种工具；在企业形成战略实施情景规划氛围后，员工自然在任何决策中考虑不同的可能情景，这样自下而上的思考方式让企业的战略措施得到贯彻，降低了企业决策的失误，进而提升企业的抗风险能力。

二、战略实施情景规划的工具模型

战略实施情景规划，主要是为保障公司战略目标达成和战略规划的顺利实施，规划出不同战略情景，以及相应的"战略实施要点"。如图 10-1 所示。

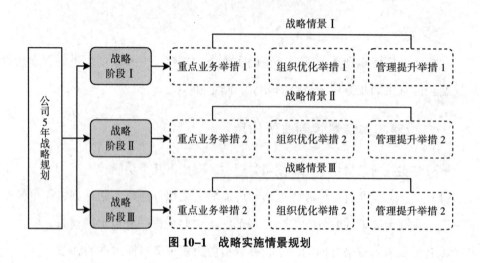

图 10-1　战略实施情景规划

【案例】

　　情景规划曾经帮助壳牌石油公司成功地预测了 1973 年的石油危机，并通过持续的情景规划方法的运用，实现了战略转型。

　　1986 年石油价格崩溃前夕，壳牌石油情景规划小组又一次预测了这种可能性，并一举锁定了壳牌 20 余年的价格优势。

　　正是因为情景规划在壳牌所取得的巨大成功，许多公司也开始运用这种管理方法，但没有一家公司能够像壳牌公司那样把这个方法运用得如此得心应手。美国一家杂志推出了一个关于风险管理的封面专题，其中特别提到了壳牌传奇式的情景规划："没有一个行业比石油行业对危机的理解更深刻，而石油行业里也没有一个公司具有比荷兰皇家/壳牌石油传奇式的情景规划小组更长远的眼光。"

美国企业战略委员会在一项调查中表明，1/3 的大型企业已经开始情景规划，它已经成为摩托罗拉、IBM 等企业进行企业战略管理不可或缺的工具。

第二节　战略目标管理

战略目标是对企业战略经营活动预期取得的主要成果的期望值。战略目标的设定，同时也是企业宗旨的展开和具体化，是企业宗旨中确认的企业经营目的、社会使命的进一步阐明和界定，是企业在既定的战略经营领域展开战略经营活动所要达到水平的具体规定。

一、战略目标管理体系

战略目标不止一个，而是由若干目标项目组成的战略目标体系。从战略目标纵向上看，企业的战略目标体系可以分解成一个树形图。如图 10-2 所示。

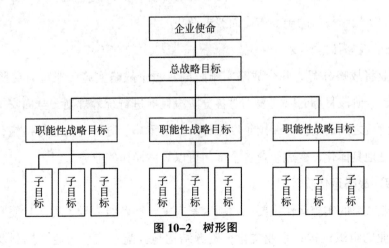

图 10-2　树形图

从图 10-2 中可以看出，在企业使命和企业宗旨的基础上制定企业的总战略，为保证总目标的实现，必须将其层层分解，规定职能战略目标。也就是说，总战略目标是企业主体目标，职能性战略目标是分解目标。

从横向上来说，企业战略目标大致可以分成两类，第一类是用来满足企业生存和发展所需要的项目目标，这些目标项目又可以分解成业绩目标和能力目标。第二类是用来满足与企业有利益关系的各个社会群体所要求的目标。

二、战略实施是为了实现战略目标

战略实施是为实现企业战略目标而对战略规划的执行。企业在明晰了自己的战略目标后，必须专注于如何将其落实转化为实际的行为并确保实现。

（一）战略实施阶段

战略实施是一个自上而下的动态管理过程。战略目标在公司高层达成一致后，再向中下层传达，并在各项工作中得以分解、落实。所谓"动态"主要是指战略实施的过程中，常常需要在不断循环中达成战略目标。

企业战略的实施是战略管理过程的行动阶段，因此它比战略的制定更加重要。

（二）战略发动阶段

战略的实施是发动广大员工的过程，要向广大员工讲清楚企业内外环境变化给企业带来的机遇和挑战，使员工能够认清形势，认识到实施战略的必要性和迫切性，为实现新战略的美好前途而努力奋斗。

（三）战略计划阶段

企业将战略分解为几个战略实施阶段，每个战略实施阶段都有分阶段的目标。定出分阶段目标的时间表，对各分阶段目标进行统筹规划、全面安排，并注意各个阶段之间的衔接。制定年度目标、部门策略、方针与沟通等措施，使战略最大限度地具体化，变成企业各个部门可以具体操作的业务。

（四）战略运作阶段

企业战略的实施运作主要与六项因素有关，即各级领导人员的素质和价值观念；企业的组织机构；企业文化；资源结构与分配；信息沟通；控制及激励制度。通过这六项因素使战略真正进入到企业的日常生产经营活动中，成为制度化的工作内容。

（五）战略控制与评估阶段

战略是在变化的环境中实践的，企业只有加强对战略执行过程的控制与评价，才能适应环境的变化，完成战略任务。这一阶段主要是建立控制系统、监控绩效和评估偏差、控制及纠正偏差。

第三节　战略修订管理

战略调整是企业经营发展过程中对过去选择的目前正在实施战略方向或线路的改变。战略调整管理受到企业核心能力、企业家的行为以及企业文化等因素的影响。企业核心能力决定着企业或战略调整方向与线路的选择；战略决策的本质特征决定了战略调整是在一系列的备选方案中进行选择，企业战略调整是企业经营者行为选择的结果。

一、战略调整的原则

企业在进行战略调整时应遵循什么原则，才能使其战略调整合理有效呢？

（1）及时反应原则。由于环境不断变化，企业战略必须针对环境变化及时进行调整。不仅要求保证战略决策的正确性，而且要求有较大的决策范围和速度，滞后的战略调整会让企业遭遇较高的风险。

（2）动态适应原则。环境的快速变化使企业不断地接受新信息，这就要求企业战略既有一定的稳定性，又有一定的适应性，进而要求战略具有动态适应的能力，战略方案具有一定的柔性。

（3）局部调整原则。企业可以根据具体的需要对战略进行局部的调整。由于战略决策本身要求具有较强的稳定性，随时进行全面的调整将使企业的工作完全陷入战略调整之中，无法进行正常的经营活动。如企业的战略可以分为总体经营战略、业务单元战略和职能战略。企业可以先对其职能战略进行调整，当需要调整的内容增加了，并达到一定的程度时，再对其业务单元战略和总体经营战略进行调整。

二、战略调整的策略

企业进行具体的战略调整时，可以采取什么策略呢？

（1）建立环境变化预警系统，提高战略调整的前瞻性。企业需要及时、正确地感知环境的变化，这要求企业建立起战略预警系统，准确、及时评价阶段性战略完成情况，提高企业决策的效率，降低由于不确定性给企业战略实施带来的风险。

（2）制定柔性组织结构，适应企业的战略调整。组织结构的功能在于分工和协调，这是保证战略实施的必要手段。企业战略应能适应外部的环境变化，要使组织结构由刚性变为柔性，从而提高战略决策的合理性。

（3）运用目标管理方法，局部调整建立短期优势。企业的战略制定和实施过程其实就是目标分解过程，并且遵循从上而下的原则。企业制定战略目标后把它进行分解，逐级确定目标的责任主体，以确保目标的实现。当外部环境产生变化时，企业要对战略目标进行调整，进而也要调整战略措施。

（4）构建战略管理系统，对战略进行反馈和调整。首先，制订公司的远景规划与战略目标；其次，把战略目标转化为关键成功因素和关键业绩指标，根据这些指标来制订战略行动方案；再次，根据战略行动方案，根据各部门工作的重要性分配资源，并尽量使部门间的资源产生协同效应；最后，在外部环境发生变化时，对战略进行反馈和调整，并调整其考核指标体系。通过以上各个环节的实施，确保企业的战略目标、战略行为、战略资源和绩效管理成为一个联系紧密的整体，使企业的战略调整和战略决策获得成功。

第四节　战略实施支撑保障

一个真正可落地的战略，必须有一套完整的战略规划及保障机制来支撑，通过战略实施及保障机制把战略制定与战略实施有机地结合起来。

战略对组织保障体系的要求，需要明确企业发展战略的有效实施，从企业的"组织模式、职能规划、管控机制、运营机制"等维度提供配套支撑。战略的实施需要得到管控/组织架构、业务流程、绩效考核体系等支持。

企业必须在确认自身战略目标的基础上，对管控/组织架构、业务流程、绩效考核体系等几个元素进行整合，并取得信息技术的充分配合支持，才能全面提升战略管理水平。如图 10-3 所示。

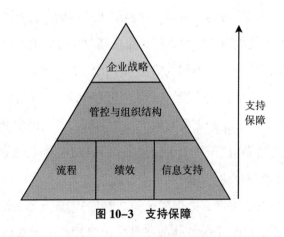

图 10-3　支持保障

以某金融投资公司为例，其战略对组织保障体系的要求，如图 10-4 所示。

公司战略	成功要素	管控、组织要素
做大做强金融投资平台	金融产业布局 产品创新 政府政策扶持 有效的客户获取及客户管理 有效的管控	高效、精简的总部组织架构和管控流程 集团负责产业链布局 集团负责重大项目审核 营销能力，特别是市场开发能力
做精做实资产管理业务	有计划地退出 迅速做大保留项目 良好的业务布局及管理	集团提供资金和人力支持 集团建立经营责任制 相应的资源支持
加快土地开发	加强可行性研究和立项 筛选合作开发伙伴 加快资金回流	高效的合作开发和委托管理体制

图 10-4 战略对组织保障体系的要求

一、组织保障

集团公司在制定了战略之后，需要构建适合战略的组织模式，这是推进战略实施的重要保障。根据战略的客观需求对组织模式不断地进行动态调整优化，使组织模式能够持续满足战略的需要，这是企业基业长青的关键要素之一。

战略导向的组织优化，即不同战略情景下的组织优化设计，其目的在于根据不同战略阶段的要素特征，优化组织模式，使组织形态与战略保持高度的匹配。

为使战略实施成功，企业需要有效的组织结构。制定组织结构涉及如何分配企业内的工作职责范围和决策权力，应做出如下决定：企业的管理层次如何；决策权力集中还是分散；企业的组织结构类型能否适应公司战略的定位；等等。

合理高效的组织结构将有力保障公司战略的实施。战略实施过程中注意各部门的协调配合，应以公司的整体战略目标为出发点，各部门协调部署。同时对集团总部现有的组织架构与部门职能进行重新地构建和定位，赋予总部职能部门新的战略管理职能，并且配置专业人员负责监督所有与战略相关的活动。如图 10-5 所示。

组织架构重组的目的		组织架构重组的要求
• 为战略实施服务，促使公司价值创造最大化（而非部门利润最大化）	⇒	• 组织设计以战略要求为主导 • 组织之间的职责定义，绩效确定应以公司利益最大化为宗旨 • 促进组织之间业务共享
• 部门之间磨合最小化	⇒	• 减少公司构架层次，组织宜扁平化 • 总部职能部门和业务部门职责明晰 • 部门之间有充分的沟通和协调机制 • 转型变革方案的设计和实施将充分考虑现有组织架构的缘由
• 实施风险最小化	⇒	• 转型变革可采取循序渐进的过程，而非一步到位 • 充分考虑员工分流和重新安置的要求 • 充分考虑企业文化和现有组织能力

图 10-5 合理高效的组织结构将有力保障公司战略的实施

二、机制保障

战略需求也决定了运营机制及业务形态。每一个战略业务单元都管理相当多的不同的业务范围，它的每项业务都有自己的战略。业务单元子战略必须在集团公司的总体目标和战略约束下，执行自己的战略管理。在这个战略实施过程中，其经营能力不是持续稳定的，而是在不断变化的，可能会得到快速加强，也很有可能会被削弱，这取决于公司的资源分配状况。

企业需要建立一个持续动态调控机制对战略进行评估和调整，不断地跟踪战略的具体实施情况，同时不断调整公司战略实施的路线和行为。

三、财务保障

财务预算是企业战略的数字化表现，同时也是战略实施的重要保障。战略的实施必须要有足够的资源支持，尤其是关键的战略活动要得到足够的人力、物力和财力支持。

四、人才保障

企业战略客观上决定了对人才的需求，缺什么人才是由企业发展战略决定的，即战略导向。进行人才需求预算，就是满足战略对人才的需求。人才是企业发展战略目标达成的根本保障，企业战略对人才类型和发展方向具有导向作用。

人力资源关系到战略实施的成功与失败。人才保障是按照企业战略的要求，客观地、充分地、准确地分析达成企业战略目标所需要的人才的数量、质量及其种类。同时，分析来自公司内部资源条件与外部环境对所需人才供给情况，从而主动对公司劳动力的整体需求与供给进行预测，并尽可能地平衡劳动力的需求与供给，保证人力资源管理目标与集团公司战略目标及其子公司战略目标相一致。

五、权责保障

战略实施管理中，需要建立权责明确、行为规范、监督有效、保障有力的管理制度。权责分明才能保障战略实施有效推行。

第五节　战略实施绩效评估

企业制定发展战略之后，关键的问题是战略实施；战略实施一段时间以后，关键的问题是进行评估、总结与调整。

战略实施要依靠各级经营管理者的自觉力量，各级经营管理者的工作动力来源于企业的战略绩效考评办法。现阶段，保障战略实施比较现实的途径是建立一套高效、有力的绩效考评体系。

在战略实施之前，必须重新修订甚至变革原有的绩效考评体系，要将企业战略追求的主要指标作为绩效考评的主要指标，并建立指标分解与测量体系。根据企业自身战略侧重的不同进行统筹安排，使各级经营管理者的利益通过绩效考评与企业战略措施、战略目标高度相关起来。

一、战略实施绩效评估内容

战略实施绩效评估，主要从以下几个方面进行：

（1）评估战略绩效。从财务、业务与客户、运营、学习与成长等多个维度评估当前的战略绩效，与最初的战略目标进行对比并进行差异分析。评估战略绩效应有胜不骄、败不馁的心态，正确看待已经取得的成绩与存在的差距。

（2）评估关键成功因素。根据战略绩效的评估情况，总结实现或超越既定战略目标的关键成功因素，并对这些关键成果因素对未来战略实施的有效性也要进行评估，避免犯经验主义的错误，以更好地推进未来的战略实施。

（3）评估战略失误。战略实施评估需要重视并敢于承认之前工作的失误与不足：哪些机遇未能及时把握；哪些战略举措没能贯彻；哪些竞争应对存在纰漏。

（4）评估战略环境与障碍。战略实施一段时间以后，内外部环境必然发生相应的变化，这时，需要再对战略实施的政策环境、市场环境、竞争格局、自身资源能力做出新的分析与评估，确认新的发展机遇与威胁，确认战略在继续实施中存在的关键障碍与"瓶颈"。

（5）进行战略调整。在战略绩效评估、成功失败总结、内外环境再次扫描的基础上，战略实施的最后环节自然是进行必要的战略调整：对战略目标、战略重点、战略路径、战略手段、战略支撑、核心能力做出新的规划与设定，并将调整内容在各级干部中宣贯推动。

二、战略实施绩效评估方式

战略实施绩效评估的主要方式是内部研讨。首先，由企业的战略管理部门组织收集战略实施评估所需的资料、信息、数据，通过整理、汇总，做出初步分析；其次，由战略管理部门拟定战略实施绩效评估大纲，确定战略实施绩效评估的主要议题并发送企业中高层管理人员与业务单元负责人，广泛地征求意见、寻求观点、补充信息；再次，由战略管理部门组织召开若干次战略实施绩效评估研讨会，中高层管理人员、业务单元负责人、技术/业务骨干、管理咨询顾问参加，就战略实施绩效评估的核心议题各抒己见，充分研讨；最后，由战略管理部门进行汇总总结，撰写评估报告，制订战略调整方案，由企业高层最终审定。

战略实施绩效评估，必要时可邀请外部管理咨询专家参加，以获得更广阔的视野和独立客观地评估立场，还可以从绩效管理技术、方法上获得帮助。

三、战略实施绩效评估周期

战略实施绩效评估，最好是每年一小评，三年一大评。每年一小评重点关注战略实施绩效、战略实施障碍及其处理手段；三年一大评重点关注战略成败总结、战略环境变化与战略调整。

本章回顾

※ 战略实施，即战略执行，是为实现企业战略目标而依照战略实施路径，对战略规划方案的实施与执行。企业在明晰战略定位和战略目标之后，必须专注于如何将其落实转化为实际的经营行为和业务绩效，并确保实现。

※ 战略实施情景规划，主要是为保障公司战略目标达成和战略规划的顺利实施，规划出不同战略情景，以及相应的"战略实施要点"。

※ 战略调整是企业经营发展过程中对过去选择的且目前正在实施战略方向或线路的改变。战略调整管理受到企业核心能力、企业家的行为以及企业文化等因素的影响。

※ 一个真正可行的战略，必须有一套完整的保障机制来支撑，通过战略保障机制把战略制定与战略实施有机地结合起来。

第十一章
战略绩效管理

【章节导读】

战略绩效管理，是对企业的战略规划实施过程及战略目标达成的程度采取一定的方法进行考核评价，并辅以相应激励机制的一种管理机制；是以战略为导向的绩效管理系统，并促使企业在计划、组织、运营、控制、人力资源等所有管理活动中全方位地发生联系并适时进行监控的体系，通过战略绩效考核确保战略目标达成。

战略绩效管理依据企业发展战略，在确立战略目标和战略预算后，建立企业公司级、部门级和员工级 KPI（关键绩效指标）体系；战略绩效管理在各层级指标之间进行关联和平衡。

企业构建基于战略为导向的绩效管理系统。它是一项系统工程，在实施战略绩效管理实践过程中，需要投入大量的资源。它与单纯的 KPI 考核不同，高于岗位绩效考核，又包含了岗位绩效考核，其不同部分恰恰在于战略绩效考核与评估包含了企业核心竞争力关键要素在评价周期内具体的获得与提升效果，如核心技术先进性（研发）、核心产品竞争力（产品设计）、团队战略支撑能力、运营管理体系的改进情况（管理价值与管理效率）、核心人才的拥有情况、核心文化所发挥的效力等；同时，战略评估周期至少是以年度为周期，或者与战略规划中各实施阶段的周期起止保持同步，而岗位绩效管理往往按照"年度、季度、月度"设置考核周期。

各层级的战略绩效管理与其所承担的对应的战略目标（或子目标）一一对应。

第一节　战略绩效管理的关键环节

有了正确的战略，并不等于可以有效实施，在战略绩效管理落地的过程中，以下四个环节是关键。

一、企业决策层的决心

战略绩效管理的核心是关注战略，而战略与现实之间可能是存在差距的，为了战略的实现，可能要舍弃某些收益，这对于企业来说都是巨大的变革。在这个时候，企业决策层能否下定决心，是战略绩效管理成功的关键。

二、绩效管理链条的构建

战略绩效管理能否通过科学的方法把战略目标分解到部门、层级、个人，自上而下形成链条，人人承担责任，是战略绩效管理能够发挥系统作用的重要条件。

三、绩效管理的过程胜于结果

战略绩效目标的确定、分解、辅导、实现、回顾、审核、沟通融合于整个战略管理和日常工作过程中，在规范操作的前提下，其对于公司运作过程的指导意义远远大于结果本身。

四、战略考核结果的应用

战略绩效管理的结果不仅要应用于对被考核人的激励，还要系统应用于人才梯队建设、培训与开发、员工职业发展等多方面，企业需高度关注战略绩效管理的作用。

战略绩效管理是一个重要的管理理念，这一理念的落地，需要一套系统、严谨的方法，需要运用策略性思维。通过优化和完善企业的战略绩效管理制度，使战略与绩效管理活动有机地结合起来，个体目标与企业目标有机地联系起来，最终解决企业战略目标的平衡、各部门的绩效关联和战略落地执行。

第二节　战略地图管理

企业的战略地图绘制、战略规划及实施首先是一个自上而下的过程，这要求企业高级管理层具备相关的能力及素养。

一、战略地图绘制的思路

战略地图绘制的思路，就是用价值树模型的分解方法层层剖析，将企业的战略目标按照从上到下，依次按照"财务层面、客户层面、内部层面、学习与增长层面"四个维度的逻辑关系进行层层分解，在平衡计分卡维度内，依照影响战略目标达成的强相关要素，设立关键绩效考核评估指标体系，描述公司战略及达成战略目标的路径。

战略地图管理，可以开发一套标准模板，标准模板包括：财务、客户、内部流程、学习与成长，与平衡计分卡的四个角度一一对应。标准模板提供了一个通用的框架和一种共同的语言来描述战略。战略地图可以让组织用通俗、清楚的语言描述或图示该组织的目标、行动计划、目标值，用于评估业绩的各种衡量指标，以及因素之间的联系，这些联系是确定战略方向的基础。

战略绩效管理指标——平衡计分卡，如图 11-1 所示。

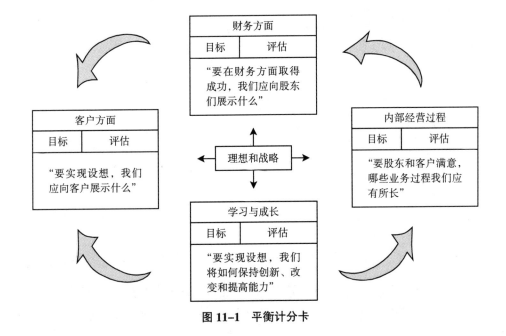

图 11-1　平衡计分卡

二、绘制企业战略地图的步骤

（1）确定股东价值差距（财务层面），比如说股东期望五年之后销售收入能够达到 6 亿元，但是公司只达到 1 亿元，距离股东的价值预期还差 5 亿元，这个预期差就是企业的总体目标。

（2）调整客户价值主张（客户层面），要弥补股东价值差距，要实现 4 亿元销售额的增长，应对现有的客户进行分析，调整你的客户价值主张。客户价值主张主要有四种：第一种是总成本最低；第二种是价值主张强调产品创新和领导；第三种是价值主张强调提供全面客户解决方案；第四种是系统锁定。

（3）确定价值提升时间表。针对五年实现 6 亿元股东价值差距的目标，要确定时间表，第一年提升多少，第二年、第三年提升多少，将提升的时间表确定下来。

（4）确定战略主题（内部流程层面），要找关键的流程，确定企业短期、中期、长期做什么事。有四个关键内部流程：运营管理流程、客户管理流程、创新流程、社会流程。

（5）提升战略准确度（学习和成长层面），分析企业现有无形资产的战略准备度，具备或者不具备支撑关键流程的能力，如果不具备，找出办法予以提升。企业无形资产分为三类，人力资本、信息资本、组织资本。

（6）形成行动方案。根据前面确定的战略地图以及相对应的不同目标、指标和目标值，再制订一系列的行动方案，配备资源，形成预算。

企业战略地图，如图 11-2 所示。

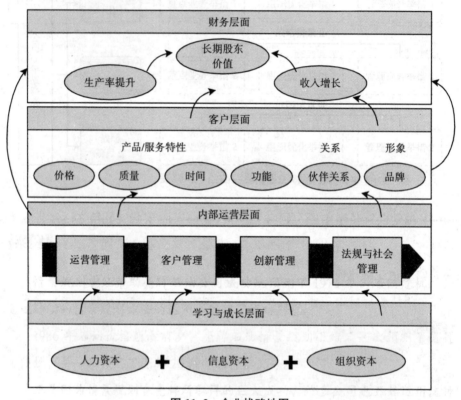

图 11-2　企业战略地图

第三节 战略绩效管理体系设计

战略绩效管理体系以战略为导向，以组织运行、流程规范为基础，以绩效管理技术和手段为工具，通过绩效管理的实施和激励措施的保障，在有效的战略绩效机制驱动下促进战略目标的达成。

战略绩效管理体系设计，主要步骤如下。

第一步：明确企业战略。

（1）进行战略梳理，明确公司战略主要工作就是战略问题确认。

（2）企业任务系统陈述，主要包括企业的使命、愿景、核心价值观战略总目标。

（3）企业发展战略诉求主题。企业发展战略主要描述企业的业务范围是什么，现有业务组合及拟进入何领域，采取增长、维持还是收缩的发展战略，产品、地域和客户的选择，是采取单一业务还是多元化，是采取相关多元化还是无关多元化等问题。

（4）业务单元战略诉求主题，主要描述各业务单元如何开展竞争，根据战略优势和市场范围，是采取低成本、差异化，还是集中化的竞争手段。

（5）职能战略诉求主题。主要描述通过哪些方面的努力增强竞争力，如在财务、营销、人力资源、物流、生产、研发、采购等方面采取何种措施来支持和协同公司战略与业务战略，职能战略更强调具体、可操作性。

企业发展战略具有相对的稳定性，业务单元战略需要随着市场竞争状况的变化及时调整，职能战略则是支持和协同公司战略与业务战略所采取的具体措施。

第二步：绘制企业战略地图。

明确企业的战略目标后，要将企业战略所包含的一连串假设转化为一系列具体的因果关系链，通过因果关系链绘制战略地图。战略地图绘制的思路就是将企业的战略目标按照从上到下，依次按照财务、客户、内部运营、学习成长四个维度的逻辑关系进行层层分解。战略地图是对企业战略目标之间因果关系的可视化表示方法，它是将平衡计分卡四个层面的目标集成在一起描述公司战略及达成战略目标的路径。

财务层面主要是阐明企业经营行为所产生的可衡量性财务结果，体现公司对股东价值的增值。

客户层面的重点是公司期望获得的客户和细分市场，公司如何满足内部和外部客户的需求。

内部运营层面的重点是为了吸引并留住目标市场的客户，以及满足股东的财务回报率期望，公司必须擅长什么核心经营流程，同时符合公司的核心价值观导向。

学习成长层面的重点是为了获取这些突破性的业绩与成功，组织以及员工需要具备的什么样的核心知识及创新精神。

第三步：分解关键因素。

运用职责分析法进行战略主题的识别与分解。循着企业价值链的核心价值链和辅助价值链对战略主题进行相关性识别并分解到各部门，从各部门中寻找到能够驱动战略主题与目标的因素。

第四步：明确部门使命。

部门使命能高度概括部门的工作内容，明确部门的职责与目标；部门使命是各部门对公司战略的支撑，部门使命必须紧密围绕公司的目标；部门使命着重在于描述部门的价值、意义、定位与作用。明确部门使命的同时，还需要对公司的价值链流程进行优化与组织架构梳理。明确部门使命、流程优化、组织架构梳理是同时进行的。

第五步：用价值树模型寻找因果关系。

利用价值树模型寻找出流程与战略主题之间的因果逻辑关系。在目标之间寻找对应的逻辑关系，分别列出公司战略地图中的衡量性目标、关键绩效指标、关键驱动流程分析，初步确定关键流程绩效指标等。

第六步：用绩效指标来描述公司的战略地图。

通过价值树模型分析，将指标放入到平衡计分卡中，用指标描述公司的战略地图。

第七步：落实公司及各部门指标。

部门是实现公司战略的主体，在部门指标设计时要关注战略实现的过程和结果，分年度指标与月度指标进行综合的设计。一般而言：结果性指标放到公司层面考核，以年度考核为主；过程性指标放到部门层面考核，以月度（季度考核、半年度）考核为主。

第八步：指标要素设计。

无论是公司级指标还是部门级指标，都是由公司内部具体的岗位来承担。因此，具体岗位的指标要素设计是构建战略绩效体系的重中之重，岗位指标的设计必须根据组织层级和职位序列，与公司战略、部门职责、岗位职责和业务流程相结合，同时保证考核指标是岗位主体通过努力可以达成和实现的。

第四节 战略管理绩效评估

战略管理绩效评估要求企业全过程、全方位参与，与计划、组织、领导和控制等所有管理活动发生联系。它包括两方面内容：一是围绕企业战略管理制定科学规范的绩效管理制度，牵引企业各项经营活动始终以战略为中心而展开；二是依据业绩管理制度对上一个业绩循环周期进行检查，对经营团队或责任人进行绩效评价，并据此进行价值分配和权力分配。

企业需要重视战略管理绩效评估。由于战略管理不只是计划"我们正走向何处"，而且也计划如何淘汰陈旧过时的东西。重视战略管理绩效评估，可以使企业管理者不断地在新的起点上对外界环境和企业战略进行连续性探索，增强创新意识。

战略管理绩效评估，需关注如下几点内容。

一、战略管理绩效评估的规范性

绩效管理贯穿于战略管理的各个环节，如果没有制度化予以保障与支持，战略管理绩效评估会处于一种空洞状态。战略管理绩效评估应避免随意性和主观性，增强权威性，提高实用性。加强战略绩效管理制度的检查监督力度，确保绩效管理落实到位，夯实战略绩效管理的推行度和约束力。

二、建立战略绩效管理运作系统，落实责任机制

战略绩效管理运作系统主要包括绩效计划、绩效实施、绩效考核、绩效回报四个环节，即企业依据战略绩效管理制度对上一个业绩循环周期进行定期评估，对管理层和各岗位责任人进行绩效考核，并根据考核的结果进行货币性薪酬与非货币性薪酬的奖励。

三、战略管理绩效评价指标科学化、标准体系合理化

战略管理绩效评价指标与标准无疑是战略管理考核成败的关键点，企业需要对战略管理绩效评价指标和标准进行全方位的系统制定和合理划分。通过对战略管理过程和结果展开评估和估测，对每一个战略绩效管理循环周期进行检讨，对经营团队或责任人进行绩效评价，有助于战略管理能力的提升。

四、设置专业绩效管理机构推进战略管理绩效评估

企业需要建立绩效评估组织以保障绩效考核评估的实施，确保达成各战略阶段的目标。一个权威、赋予权力的战略绩效管理组织的有效运转，可以高效、便捷地展开战略管理绩效评估工作，推进战略管理的落地。如图11-3所示。

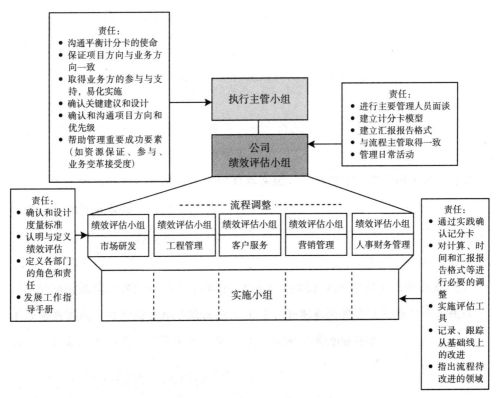

图 11-3 绩效评估的组织

五、战略管理绩效评估的科学实施

战略管理绩效评估是动态战略绩效管理过程的组成部分。在战略管理绩效评估阶段，无论是对于战略管理有效性的考核，还是对于战略管理成本效益与效果的审查，都具有举足轻重的作用，特别是战略管理水平的改进等主观指标，功效突出。战略管理绩效评估是战略绩效管理极其重要的环节，企业需要促使战略管理绩效评估科学化、合理化应用。

本章回顾

※ 战略绩效管理，是对企业的战略规划实施过程及战略目标达成的程度采

取一定的方法进行考核评价，并辅以相应激励机制的一种管理机制；是以战略为导向的绩效管理系统，并促使企业在计划、组织、运营、控制、人力资源等所有管理活动中全方位地发生联系并适时进行监控的体系，通过战略绩效考核确保战略目标达成。

※ 战略绩效管理依据企业发展战略，在确立战略目标和战略预算后，建立企业公司级、部门级和员工级 KPI（关键绩效指标）体系；战略绩效管理在各层级指标之间进行关联和平衡。

※ 战略地图绘制的思路，是将企业的战略目标按照从上到下，按照"财务层面、客户层面、内部层面、学习与增长层面"四个维度的逻辑关系进行层层分解而绘制的企业战略因果关系图，描述公司战略及达成战略目标的路径。

※ 战略绩效管理体系以战略为导向，以组织运行、流程规范为基础，以绩效管理技术和手段为工具，通过绩效管理的实施和激励措施的保障，在有效的战略绩效机制驱动下促进战略目标的达成。

※ 战略绩效管理贯穿于战略管理的各个环节，如果没有制度化予以保障与支持，战略管理绩效评估就会处于一种空洞状态。战略管理绩效评估应避免随意性和主观性，增强权威性，提高实用性。

第十二章
战略规划调整与修订

【章节导读】

战略规划调整是企业根据内外部环境因素的重大变化与战略规划时假定的战略条件之间的差异，以及组织内部各层级在战略规划周期内各阶段战略子目标的达成情况，对正在实施的战略方案、战略目标或实施路径所做出的务实的、客观的调整或修订。

无论多么优秀的战略，均是在一定的条件假定或环境假定下制定出来的。尤其是战略规划中那些前瞻性、创新性的战略方案，随着时间的推移，当初制订战略规划时的假定与条件未必都会完全满足，这正是战略规划的原生性短板，但是，这丝毫不影响战略规划的重大意义和作用，唯一需要弥补这一缺陷的工作是"战略调整与修订"。人们的理性是有限的，不可能做到十全十美，所以，在进行战略规划时，能不能预留出实施中调整的空间，是衡量战略优劣的一个重要尺度。

战略调整需要审时度势。战略调整分为两种：一种是战略总体目标可行，仅需要根据实施中的程度与进度进行子目标（横向与纵向之间的协同调整）、实施计划与实施路径的技术性调整；另一种是发现战略定位、战略方案、战略总目标所依赖的假定发生重大变化而无法实现，导致战略规划需要做出较大的根本性修订，甚至是重新规划。

战略调整与修订的频度往往以战略规划周期（中期、长期）以及各战略阶段的实施周期（1~2 年）保持同步，最频繁的调整与修订是每年修订一次。

第一节　战略规划调整的影响因素

战略规划调整受企业核心能力、企业家的行为以及企业文化等因素的影响：企业经营过程是某种核心能力的形成和利用过程，企业核心能力的拥有及其利用，不仅决定着企业活动的效率，而且决定着企业或战略调整方向与线路的选择；战略决策的本质特征决定了战略调整也是在一系列的备选方案中进行选择，这种选择在一定意义上说是经营者行为选择的直接映照；企业文化对上述选择过程以及选择确定后的实施过程中人的行为产生着重要的影响。

一、企业核心能力

企业战略的关键在于培养和发展能使企业在未来竞争中居于有利地位的核心能力，并以核心能力为基础，从企业自身的资源和能力的实际出发，选择适合本企业的战略发展道路。

一个企业获得竞争优势的最佳道路是：企业拥有具有竞争价值的资源和能力。企业的战略应建立在充分利用自己的核心能力之上。因而，核心能力影响了战略规划调整。

二、企业家的行为倾向对战略规划调整的影响

战略规划调整是企业家行为选择的结果。企业是在企业家的领导下从事某种生产经营活动、表现它的市场存在，企业家的行为选择对企业的绩效和发展有着至关重要的作用。

企业家的行为选择直接制约着企业的行为选择，企业家对企业经营的贡献表现为战略决策的制定和组织实施。企业家的价值观念和行为偏好会影响企业对不

同经营领域或方向的评价与选择，而且会影响企业在既定战略方向下技术路径与以及职能活动重点的选择。

三、企业文化对战略规划调整的影响

作为企业或企业家行为选择结果的企业战略调整决策必然要受到企业文化的影响。

企业文化对发展战略的影响主要体现在它的基本功能上：导向功能、激励功能以及协调功能。上述功能影响着企业高层管理者的行为选择，从而影响着企业战略调整方向的选择及其组织实施。正是由于这种影响，与企业战略制定、调整和组织实施过程中需要采用的其他工具相比，企业文化的上述作用的实现不仅是高效率的，而且可能是成本最低、持续效果最长的。从这个意义上说，企业文化是企业战略管理最为经济的有效手段。

第二节　战略规划调整的原则

在战略规划调整的过程中，企业面临的是不确定的复杂环境，这使得战略调整的可预见性大打折扣，战略调整变得日益困难，企业能采取的行动是迎难而上。那么企业在进行战略规划调整时应遵循什么原则，才能使其战略合理、有效呢？

一、及时反应原则

由于环境是不断变化并且具有不确定性，企业战略必须针对环境变化及时进行调整。企业战略规划调整的决策能力不同于一般的决策能力，它不仅要求保证决策的正确性而且要求有较大的决策范围和速度，滞后的战略调整会让企业遭遇较高的风险。

二、有效控制原则

企业的控制性是指在一定环境变化条件下，企业能通过控制内部管理系统的方法，达到预期企业战略目标的能力。因为，企业与环境实际上是互相影响、相互制约的关系。当企业对自己进行积极改变的时候，将使企业在环境的变化中处于比较主动的地位，对环境的变化将有更好的预测，进而有助于企业战略调整的成功。

三、动态适应原则

在战略规划调整过程中，应增加战略决策的柔性，使其可以根据新信息加以修正。因为环境的快速变化使企业不断地接受新的信息，这要求企业战略既有一定的稳定性，又有一定的适应性，进而要求战略具有动态适应的能力，战略规划方案具有一定的柔性。

四、局部调整原则

企业可以根据具体的需要对战略进行局部的调整。由于战略决策本身要求具有较强的稳定性，随时进行全面的调整将使企业的工作完全陷入战略调整之中，无法进行正常的经营活动。同时，各种环境因素对企业的影响，往往也是从一个方面开始，因此企业应该先对影响最小的方面进行调整。如企业的战略可以分为总体经营战略、业务单元战略和职能战略。企业可以先对其职能战略进行调整，当需要调整的内容增加了，并达到一定的程度时，再对其业务单元战略和总体经营战略进行调整。

第三节　战略规划调整的策略

　　战略调整需要审时度势。战略调整分为两种：一种是战略总体目标可行，仅需要根据实施中的程度与进度进行子目标（横向与纵向之间的协同调整）、实施计划与实施路径的技术性调整；另一种是发现战略定位、战略方案、战略总目标所依赖的假定发生重大变化而无法实现，导致战略规划需要做出较大的根本性修订，甚至是重新规划。

　　不确定性的环境因素对企业战略规划调整具有影响，那么企业进行具体的战略规划调整时，可以采取什么策略呢？

一、建立环境变化预警系统，提高战略规划调整的先导性

　　企业对环境变化做出正确反应的前提是及时、正确地感知环境的变化，这要求企业建立起战略预警系统。战略预警系统是指监控企业外部环境的变化，并分析不确定性的层次，准确、及时评价阶段性战略完成情况以及完成效率的系统。企业经营环境监测预警系统是管理和决策的一个重要组成部分，可以提高企业战略决策的效率，降低由于不确定性给企业战略实施带来的风险。

　　在进行战略预警之前，企业应根据环境构建战略预警的指标体系。企业环境检测预警指标体系分为宏观和微观两个层次，宏观可以从法律、经济和科技等方面进行构建；微观应围绕企业自身的特点可以从供给、需求和竞争三个方面建立。通过以上指标体系的建立和各种指标的检测结果，根据不同指标的变化程度及警兆因素对企业行为造成压力的大小或强弱，确定警戒线，分析报警并采取必要的措施，使战略规划调整具有一定的先导性。

二、企业增强环境变化的感知力，提高企业战略的适应能力

提高企业对环境变化的感知力不仅需要企业时刻监控外围环境，注重企业战略对环境的适应性，还要求企业对内部各要素和外部各种资源进行有效集成，使企业整体适应环境变化能力得到提高。

企业可以通过以下工作增强环境变化的感知力：首先，管理者要了解环境对企业战略的影响程度。其次，在了解和掌握各种环境因素的基础上，对战略进行分析研究，确定各种环境因素对组织有什么影响。最后，对各种环境因素所产生的影响做出反应。一方面通过组织变革使其与企业战略相适应，另一方面通过组织行为调整环境，使其有利于企业战略。

三、及时调整组织结构，适应战略规划调整

组织结构的功能在于分工和协调，这是保证战略实施的必要手段。由于企业战略的变化往往快于组织结构的变化，企业一旦意识到外部环境和内部条件的变化提供了新的机会和需求时，首先会在战略上做出反应，以谋求经济效益的增长。例如，经济的繁荣与萧条、技术革新的发展都会刺激企业增加或减少现有的产品或服务。而当企业积累了大量的资源以后，企业也会据此调整新的发展战略。

当然，一个新的战略需要有一个新的组织机构，至少在一定程度上调整原有的组织结构。如果组织结构不做出相应的变化，调整后的新战略也不会使企业获得更大的效益。

四、运用目标管理方法，局部调整战略规划

企业的成功并非单纯依靠静态的长期战略，还需要许多动态的战略做补充，以建立起一系列的短期优势。企业的战略制定和实施过程其实是目标分解过程，并且遵循从上而下的原则。企业制定战略目标后应将其进行分解，逐级确定目标的责任主体，以确保目标的实现。

当外部环境产生变化时，企业要对战略目标进行调整，进而也要调整战略措

施。但是，如果外部环境变化不是很大，只需对战略目标进行局部的调整，即局部领域的微调。战略局部微调的好处：一方面能使战略的发展具有延续性，确保企业按照既定的方向进行发展；另一方面确保员工对战略产生信赖感，知道自己工作的方向，从而愿意为战略目标的实现而努力。

五、运用平衡计分卡，构建战略管理系统

平衡计分卡是从财务、客户、内部业务流程、学习和创新四个方面来考察企业战略绩效的系统，利用它可以对关键过程进行有效控制，对资源进行优化配置，使考评和战略有效衔接起来，解决公司长期战略与短期行为脱节的问题。

运用平衡计分卡构建战略管理系统过程：在全盘考虑公司现有资源和外部因素的基础上制定公司的远景规划与战略目标；把战略目标转化为关键成功因素和关键业绩指标，根据这些指标来制订战略行动方案；根据战略行动方案，根据各部门工作的重要性分配资源，并尽量使部门间的资源产生协同效应；在外部环境发生变化时，对战略进行反馈和调整，并调整其考核指标体系。

通过以上各个环节的实施，确保企业的战略目标、战略行为、战略资源和绩效管理成为一个联系紧密的整体，使企业的战略决策和战略规划调整获得成功。

第四节　战略规划修订的原因和类型

企业在战略管理中，一定要深入研究产业发展方向和技术发展方向，结合自己的实际状况和目的，确定自己正确的战略方向，并根据战略适时修订战略方向。

战略规划修订是在企业战略实施过程中，经过信息反馈和原因分析后所做的工作。为了及时了解战略实施中可能出现的偏差，并能尽快得到纠正，评审工作

可以分阶段进行。

战略规划修订的关键在于按照实际情况变化和客观规律办事。能否做好战略规划修订，取决于企业发现新情况、适应新变化的战略应变能力。战略管理层只有具有较高的战略应变能力，才能做好战略修订工作。

一、战略规划修订的具体原因

（1）战略的长期稳定性与战略环境的多变性之间发生了矛盾，如果不对战略行动方案进行修订，就会严重脱离实际和偏离战略目标，带来不良后果。

（2）战略方案的制订本身带有主观想象的成分，经过实际操作，会一定程度地背离客观实际，特别是一旦有意外情况发生，就不得不修正战略。

（3）在战略实施过程中，主观上产生了明显的失误，带来了巨大风险，迫使企业修订战略。

（4）由于组织得力，措施得当，善于捕捉战略时机而提前完成阶段性战略任务，此时也需要对战略进行修正。

二、战略规划修订的类型

根据战略实施的实际结果和客观条件变化情况，战略规划修订有下列三种情况：

（1）局部性的修订。当战略环境某一影响因素发生局部性变化时，只需要对战略全局的某一局部战略进行修正。这种修订不影响总体战略的可持续性。如对企业下属某个战略业务单元进行战略修订，报战略管理层批准执行。

（2）职能性战略修订。实际上这也是一种对战略全局的局部性修正。比如，当企业人员发生变化时，就要对人事战略进行修订，以保证实现总体战略目标的需要。

（3）总体战略的修订，即对总体战略的各个方面进行修订与调整。战略修订是整个战略实施过程中一件很严肃的事情和一项很重要的工作，必须按照一定的程序和办法进行。

第五节　战略规划修订的审批与评估

战略规划修订是一项很严肃的工作，不能草率从事，要有严格的工作步骤和审批程序，并且对战略规划修订进行评估。

一、战略规划修订的审批

公司在修订战略规划时，应综合考虑宏观经济政策、法律法规的要求、国内外市场需求变化、技术发展趋势、行业及竞争对手情况、可利用资源水平和公司自身的优势及劣势等影响因素。

一般情况下，由公司战略管理委员会负责审议公司整体战略修订提案，并提出审议意见。公司战略管理委员会组织有关部门对战略规划修订方案进行可行性研究和科学论证，形成发展战略建议方案。必要时，可借助管理咨询公司的力量提供专业咨询意见。

公司战略规划修订的审批流程：

（1）公司董事长办公会通知公司开始着手战略规划的调整准备工作；

（2）公司各职能管理部门准备并提供本部门的战略规划调整意见，拟订调整方案；

（3）董事长办公室汇总各职能部门调整方案，审核并调整公司总战略规划草案；

（4）公司董事长办公会审议战略规划调整提案，并形成审议意见；

（5）公司战略管理委员会审核战略规划调整提案后，报董事会审议；

（6）公司董事会审议通过战略规划调整提案后，报股东大会审议通过后实施。

二、战略规划修订的评估

战略规划修订方案完成以后，战略管理委员会需要对战略规划修订方案进行评估论证，向董事会提出发展战略建议方案。

战略规划修订的评估，在实际操作中一般分为三个层次。第一，即战略分析评估，是对企业所处现状环境的评估。第二，战略选择评估，它在战略的执行过程中进行，是对战略执行情况与战略目标差异的及时获取和及时处理，是一种动态评估。第三，战略绩效评估，是在期末对战略目标完成情况的分析、评价和预测，是一种综合评估。

第六节　战略规划修订后的实施控制

企业需要对战略规划修订程序、内容进行审核，并对其实施情况进行控制。其主要包括：①设定绩效标准。根据企业战略目标，结合企业内部人力、物力、财力及信息等具体条件，确定企业绩效标准，作为战略控制的参照系。②绩效监控与偏差评估。通过一定的测量方式、手段、方法，监测企业的实际绩效，并将企业的实际绩效与标准绩效对比，进行偏差分析与评估。③设计并采取纠正偏差的措施，以顺应变化着的条件，保证企业战略的圆满实施。④监控外部环境的关键因素。外部环境的关键因素是企业战略赖以存在的基础，这些外部环境的关键因素的变化意味着战略前提条件的变动，必须给予充分的注意。⑤激励战略控制的执行主体，以调动其战略实施的积极性，以保证企业战略实施的切实有效。

一、战略规划修订后的实施控制在战略管理中的作用

战略规划修订后的实施控制是企业战略管理的重要环节，它能保证企业战略的有效实施。战略决策仅能决定哪些事情该做，哪些事情不该做，而战略实施的控制的好坏将直接影响企业战略决策实施的效果好坏与效率高低。因此，企业战略实施的控制虽然处于战略决策的执行地位，但对战略管理是十分重要的，必不可少的。

战略规划修订后的实施控制能力与效率的高低，是战略决策的一个重要制约因素，它决定了企业战略行为能力的大小。企业战略实施的控制能力强，控制效率高，则企业高层管理者可以做出较为大胆的、风险较大的战略决策；相反，只能做出较为稳妥的战略决策。

战略规划修订后的实施控制与评价可为战略决策提供重要的反馈，帮助战略决策者明确决策中哪些内容是符合实际的、是正确的，哪些是不正确的、不符合实际的，这对于提高战略决策的适应性和水平具有重要作用。

战略规划修订后的实施控制可以促进企业文化等企业基础建设，为战略决策奠定良好的基础。

二、战略规划修订后的实施控制层次

企业的控制层次包括组织控制、内部控制和战略控制三种形式。每种形式都需要完成企业的使命，实现企业的战略和目标。

（1）组织控制。在大型企业里，战略管理的控制可以通过组织系统层层加以控制。企业董事会的成员应定期审核企业正在执行的战略，测试它的可行性，重新考虑或修正重大的战略问题。企业总经理和其他高层管理人员则要设计战略控制的标准，也可以指定计划人员组成战略控制小组来执行一定的控制任务。

（2）内部控制。内部控制是指在具体的职能领域里和生产作业层次上的控制。生产作业的管理人员应根据企业高层管理人员制定的标准，采取具体的内部行动。内部控制多是战术性控制。

（3）战略控制。战略控制是指企业对发生或即将发生战略问题的部门，以及重要战略项目和活动所进行的控制。这种控制比内部控制更为直接和具体。例如，在研究开发、新产品和新市场以及兼并和合并等领域里，战略控制发挥着重要的作用。

本章回顾

※ 战略规划调整是企业根据内外部环境因素的重大变化与战略规划时假定的战略条件之间的差异，以及组织内部各层级在战略规划周期内各阶段战略子目标的达成情况，对正在实施的战略方案、战略目标或实施路径所做出的务实的、客观的调整或修订。

※ 战略调整需要审时度势。战略调整分为两种：一种是战略总体目标可行，仅需要根据实施中的程度与进度进行子目标（横向与纵向之间的协同调整）、实施计划与实施路径的技术性调整；另一种是发现战略定位、战略方案、战略总目标所依赖的假定发生重大变化而无法实现，导致战略规划需要做出较大的根本性修订，甚至是重新规划。

※ 战略规划修订的关键在于按照实际情况变化和客观规律办事。能否做好战略规划修订，取决于企业发现新情况、适应新变化的战略应变能力。战略管理层只有具有较高的战略应变能力，才能做好战略修订工作。

※ 战略规划修订是一项很严肃的工作，不能草率从事，要有严格的工作步骤和审批程序，并且对战略规划修订进行评估。

※ 战略规划修订后的实施控制是企业战略管理的重要环节，它能保证企业战略的有效实施。

※ 战略调整与修订的频度往往以战略规划周期（中期、长期）以及各战略阶段的实施周期（1~2 年）保持同步，最频繁的调整与修订是每年修订一次。

第十三章
战略管理职能部门的管理

【章节导读】

　　战略管理部是企业战略管理体系中的一个中心环节，为企业高层领导提供战略规划、产业研究、投资管理、宏观视野、新业务孵化等服务。战略管理职能部门是支撑公司整体运营和战略规划的专业机构，由于其职责分工不同、综合能力要求高、工作成果不易测量等特点，使得战略职能部门的考核管理往往流于形式，未能发挥战略目标的导向作用。

　　通过对标一流企业的战略管理，标杆研究的结论是：战略管理部门作为公司的一级职能部门，需要而且重要；战略规划的职能需要长期保持，可按照区域或业务设立二级机构；新业务研究、开发与投资，是企业保持战略均衡与可持续发展的核心；公司主业的特点决定了战略管理部门的特点；信息共享平台与加工、应用，是战略管理部门可持续发展的基础业务。

第一节　战略管理部门的使命

企业战略管理是从全局和长远的观点研究企业在竞争环境下生存与发展的重大问题，是企业高层领导人最主要的职能，在企业管理中处于核心地位，是决定企业经营成败的关键。

企业战略管理是一个层次化的体系，企业战略一般分为三个层次：公司战略、经营战略、职能战略，每个层次针对企业不同层次的战略制定，实施和评价，控制行为进行管理。

在战略管理的过程中，有战略管理部门的企业，应该加强战略管理部门的作用。而没有战略部门的企业，应该增设战略管理部门，赋予企业战略管理部门三项使命：①成为企业高级管理层的参谋；②将高级管理层战略思想转化成可执行的方案；③推动企业的战略执行，建立战略中心型组织。战略中心型组织的含义包括：将公司的使命愿景和战略转化成具体的经营行为；改变组织和文化以适应公司的战略变革；通过平衡计分卡形成战略的认知和认同，让战略成为每个人的工作；不断地使用平衡计分卡进行战略的回顾和学习调整，使战略成为一个连续的过程；企业高层领导亲自参与战略制定和变革实施的过程。

【案例】

GE 公司在战略管理方面，将"战略艺术"发挥到了极致，并建立了庞大的战略管理部门和强大的战略文化。战略成为 GE 公司每个管理层成员活动的重要部分。GE 公司高层在总体思路上深思熟虑并形成战略的框架，具体的细节在已经形成的强大的战略文化下得以贯彻和执行。

第二节　战略管理部门的职能定位

战略管理部门是专门负责战略管理的职能部门。战略管理部门在整个战略实施流程中的职责：为战略决策提供支持；编制战略计划与战略项目；管理战略沟通；建立战略执行文化；管理战略项目、协调组织；将战略重点与其他职能部门整合。

一、为战略决策提供支持

第一，收集战略信息，对企业外部经营环境和内部条件进行分析。战略管理部门的一个重要工作是收集和处理对企业有重大影响的经济、政治、社会等信息，识别企业所面临的机会和威胁，判断企业的优势和劣势，为战略决策提供支持。企业的战略管理部门在对未来的战略环境进行分析的基础上，将可能出现的情况反映给企业高管层，促进他们对战略进行思考。

第二，进行战略专题研究。战略管理部门接受战略管理层的委托，对影响企业未来发展的因素以及企业可能采取的应对策略进行研究。

第三，提出战略方案。企业战略管理部门具有较多的战略信息，具备较强的分析能力。战略管理部门在对企业的经营环境分析的基础上提出战略备选方案。

第四，为战略的调整或变革提出建议。经营环境处于不断的变化中，在战略执行过程中，为了应对变化的情况需要对战略进行调整。战略管理部门监控战略的实施情况，通过战略执行情况判断战略假设正确与否，为战略的调整或变革提出建议。

二、编制战略计划和战略项目

战略规定了企业的发展方向和目标，同时需要编制详细的战略计划和战略项目。

三、管理战略沟通

战略沟通是指有关企业使命和战略方向的高层次信息沟通。战略沟通是战略管理的重要组成部分，战略沟通在提升企业战略执行力中具有重要作用。战略沟通作为一种管理进程，不会在信息发出后便告一段落，这是一个循环，其中的回顾阶段便可作为战略调整的起点。

战略管理部门应制订完善的沟通计划，考虑沟通战略的目标、沟通的对象、沟通的时间阶段、沟通效果的衡量等。

四、建立执行文化

执行文化即基于战略执行力的企业文化，是一种把企业战略目标变成现实结果的文化。执行文化的核心在于转变企业全体员工的行为，使之能够切实地把企业战略、目标和计划落实到本职岗位与日常工作中。战略管理部门的职责是建立一种具有一致性的框架，并以此规定成员思考、行为和行动。

五、管理战略项目、协调组织

对战略项目的筛选和管理，是促使公司进行变革和取得成效的动力。战略管理部门需要对战略项目进行评估，并重新调整战略重点。

战略管理部门要管理那些跨越多个业务单元和跨部门的战略项目，以确保他们得到必要的资源和关注。同时监督战略项目的进展情况，及时向企业高层汇报。

六、将战略重点与其他职能部门整合

为了使战略执行有效，所有职能部门的计划必须与公司战略协调一致，为了确保这种协调一致，战略管理部门必须与其他职能部门密切合作。

【案例】

中国移动的战略部门——发展战略部

中国移动公司的战略管理分两级组织，集团层面和省公司层面，市公司层面没有战略组织。

中国移动公司发展战略部的职能和主要工作，如图 13-1 所示。

企业发展部的职能
- 战略预警
- 战略规划
- 战略绩效
- 企业社会责任
- 管理创新
- 企业标准化
- QC 小组活动
- 企业文化评估

战略部门的九项工作
- 三项任务：战略指引、战略管理、社会责任
- 三大项目：蓝海战略、可持续发展、宏观与行业跟踪
- 三项工程：管理水平提升、人才队伍能力提升、信息共享平台 E 化

图 13-1 中国移动公司发展战略部门职能和主要工作

第三节 战略管理部门的组织模式

组织架构好比企业运作的骨骼，管控模式好比企业运作的神经系统。一个成熟的战略组织架构和管控模式，可以有效帮助企业实现战略管理的优化，对提

高企业市场竞争力、促进战略目标的实现具有举足轻重的作用。

战略管理的组织保障分为"战略管理委员会、战略发展部（总部）、企管部（子公司）"等多层级的组织模式。

由于企业战略管理的缺失，使得一些企业在战略管理部门的组织模式上存在各种不同问题：

（1）组织架构和管控模式的设计与企业既有战略规划不匹配，组织架构不能有效支持战略规划的落地实施。

（2）组织架构和管控模式对战略的响应缓慢，自身无法有效调整以适应不断变化的市场和监管要求。

（3）组织结构与管控模式之间不匹配，导致战略管理效率低下，战略管理部门与其他部门之间协作性差，不能实现有效的市场化运作。

（4）战略管理部门职责划分不合理，互相推诿及职责错位的现象比较严重。

这些问题的存在，严重阻碍了企业发展战略目标的实现和核心竞争力的提升。因此，优化战略管理部门的组织模式是战略管理的核心任务之一。

战略管理部门的组织模式，主要是根据企业发展战略的要求，优化战略管理部门设置，进一步明晰战略管理部门职责，设计战略管理部门与其他部门之间的主要管理流程；确定战略管理部门岗位设置，撰写战略管理岗位说明书，确定战略管理岗位人员编制；根据战略管理岗位技能要求、内部员工情况协助企业确定上岗人员，或组织公开选拔、竞争上岗；对员工进行岗位职责的宣贯与培训等。

战略管理部门职能定位及岗位设置，如图 13-2 所示。

战略管理部门职能描述，如表 13-1 所示。

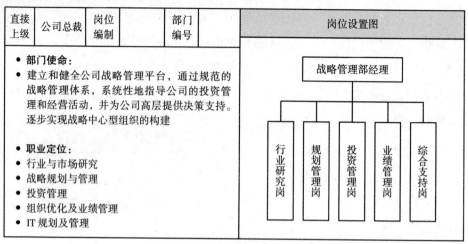

图 13-2　战略管理部门岗位设置

表 13-1　战略管理部门职能描述

一级职能	二级职能	三级职能（战略层面）	三级职能（运营层面）
行业与市场研究	宏观环境研究	• 牵头相关部门研究外部宏观环境，监控各业务单元相关政策法规的变化，研究宏观经济和产业形势的趋势，跟踪社会发展的态势 • 牵头财务部门跟踪金融资本环境的变化	
	行业市场分析	• 牵头相关部门共同参与分析各业务单元的产业链，研究产业链构成、各环节市场规模及增长，利润率和战略控制点、产业链发展趋势 • 牵头营销中心分析市场与竞争，研究各业务的市场发展规模与趋势、下游客户需求与特征、竞争态势及竞争者发展状况，结合客户需求分析挖掘行业关键成功要素	
战略规划与管理	战略制定和调整	• 持续完善公司战略管理平台的建设 • 牵头组织公司的各职能部门，通过战略管理平台制定和调整公司战略规划，包括：根据公司股东意愿、管理层构想及内外部环境等，制定公司发展愿景企业使命及价值观；制定公司整体发展战略、审核制定业务板块战略和事业部战略，设计发展模式、业务模式、职能战略和盈利模式；制定公司战略发展目标，包括财务目标、客户目标、内部运营目标和成长目标；制订公司中长期战略规划、年度战略规划、业务单元和区域战略规划	
	战略实施监控	• 组织公司业务和职能部门，通过战略管理平台建立定期战略实施监控体系（月、季度、年）总结战略实施情况和经验，提出优化建议，为战略调整及未来的战略制定奠定基础 • 牵头组织会议，组织公司业务和职能部门，根据战略实施监控结果，提出战略调整建议	

【案例】

海尔公司的战略部门

海尔公司的战略部门主要承担战略规划、经营策略支持、最佳实践推广、新技术跟踪和转化、新产业投资等工作。

海尔公司战略管理部的使命：通过整合全球资源（机会、技术、政策、最佳实践），为集团提供战略成长力及研发驱动力，支持集团创全球化品牌战略的实现。

海尔公司战略管理部的角色：为集团各战略业务单元提供战略策划及跟踪服务的平台，并使用超前技术创造新的用户需求。

海尔公司战略管理部的职责：集团3~5年战略规划预案；集团年度经营盈利增长策略预案及战略业务单元策略支持；定期跟踪、评价战略实施绩效；提供竞争分析、最佳实践推广；通过新技术、发现跟踪业务新趋势，创造新业务；战略项目方案制订与实施；战略与研发后辈人才的培养。

海尔公司战略管理部门的组织架构，如图13-3所示。

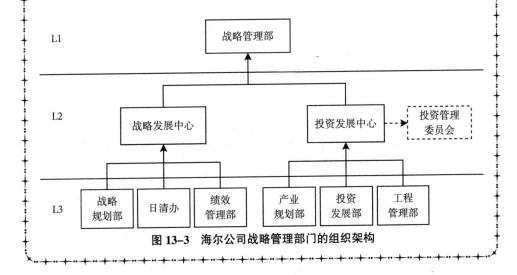

图13-3 海尔公司战略管理部门的组织架构

海尔公司战略发展中心的主要部门职责，如表13-2所示。

表13-2 海尔战略发展中心的主要部门职责

部门			管理对标公司	海尔公司战略管理部	差异
具体职责	战略发展中心				
		战略规划	1		作为CEO的主要战略智囊，会同其他高层领导协助制定确保集团长久、获利发展的目标及战略	
			2		主持集团年度战略规划程序并指导业务单元的战略计划制订，确保集团以及各业务单元的战略计划真正合理、可执行	
			3		规划、发现、筛选、实施可提升整体竞争力的新业务，确保投资项目价值获取最大化	
			4		建立集团竞争情报系统，并有效为集团及各业务单元提供内外部的竞争分析，确保有效决策	
		日清办	5		为各业务单元进行战略制定提供指导和支持，确保与集团战略的有效承接	
			6		为各业务单元在战略执行过程中进行跟踪、监控、推进、评价，确保战略执行不偏移	
			7		总结、提炼最佳实现模式并有效推广	
		绩效管理	8		组织制定、实施战略绩效考核标准及绩效评价制度，保证评价工作以目标为导向，实现市场目标竞争力的可持续发展	
			9		协调、组织完成集团及各业务单元的战略目标制定及可实施性进行校准	
			10		跟踪、落实实施问题和效果，组织实施绩效评价面谈，明确问题责任到人，进行价值挂定	

第四节　战略管理部经理的任职资格

任职资格系统是以企业战略和文化为出发点，战略决定企业需要什么样的流程、组织以及什么样的人才。任职资格管理体现企业战略对核心能力的要求，有利于企业核心能力的培养，增强企业市场竞争能力。

企业要提升自身的核心能力以适应战略的要求，必须及时规范企业模式，即业务运作模式、业务流程、企业结构及员工行为标准，并按照战略管理任职资格要求选人、用人、育人和留人。

应让具备适应战略要求的人才进入战略管理岗位，发挥应有的作用。这样，企业才能真正拥有自己的核心能力和竞争力，才能不断地改进绩效，实现经营战略和可持续发展。当企业的战略有大的调整或重新制定新的战略时，企业需作相应的调整或变革，战略管理部经理的任职资格体系和标准也须做相应的变动和提高。

战略管理部经理的任职资格，需要结合企业战略与文化和自身能力/核心能力来设定，其包含岗位任职的各项标准。

战略管理部经理职位说明书（示例），如表13-3所示。

表 13-3　战略管理部经理职位说明书

战略管理部经理职位说明书				文件编号：	
部门	战略管理部	职位名称	经理	职位代码	
直接上级	集团总裁	平行职位	其他职能部门经理	下属职位	战略规划主管
任命方式	董事长/总裁任命				
工作目标	根据集团发展战略要求，完成本部门工作目标，强化集团的战略管理职能，保证集团的战略监控和协调功能。不断优化集团投资业务的业务组合，支撑企业战略的实施。同时，建立集团统一的战略管理体系				
工作描述	主要职责				
	业务管理	**行业分析** ①负责宏观经济和主要区域经济发展研究 ②根据集团发展战略，为企业寻找合适的产业机会 ③对集团已进入行业分析，作为制定和调整战略的基础 ④对集团拟投资行业分析，供投资决策委员会作为决策依据 **战略规划** ⑤牵头制订和调整集团总体的发展规划，负责制订和调整三年滚动战略规划 ⑥负责分解战略目标，指导子公司及其他职能部门制定相应的业务目标和计划，并监督执行 ⑦根据执行情况，提出执行改善建议或战略规划调整建议 ⑧对战略项目进行持续评估监控，评估未达到目标的战略项目，出具改善建议或处理处置建议			
	组织管理	①参与拟订本部门的组织机构、岗位编制和职责分工，确定对相应岗位的工作要求和业绩考核标准 ②组织拟订本部门年度费用预算，报批。经审批后监督执行，负责预算内的费用审批 ③参与对本部门人员的招聘、任免、晋升和调配，拥有建议权 ④负责对本部门员工的绩效考评，提出奖惩建议 ⑤负责部门日常工作管理，监督检查下属人员遵章守纪及工作落实情况 ⑥解决部门内工作协调和人员沟通，营造良好工作氛围			

工作描述	员工培养	①主持拟订本部门核心职位的继任计划 ②主持拟订本部门专业和管理技能培训计划，报批并监督执行，同时报人力资源中心备案
	其他工作	①完成职责范围内的其他工作 ②完成集团交办的其他工作任务 ③跨部门的沟通协调 ④根据集团要求参与决策并提出本部门专业建议或方案
任职资格	教育程度	企业管理、经济学等相关专业，本科及以上学历
	经验	5年以上大型企业集团战略管理相关工作经验，3年以上部门主管经验，有行业从业经验者优先考虑
	知识技能	①具有先进的管理理念、丰富的战略制定与实施经验 ②具备很强的宏观分析能力和产业研究能力 ③良好的沟通能力和书面表达能力
任职者签名		直接上级签名		审批者签名	
执行时间		受控状态		备注	

第五节 战略管理部如何进行绩效考核

企业战略管理部门担负着战略绩效考核的工作职责和任务，应站在公司整体的高度评估战略绩效。战略管理部门的关键绩效领域，也需要企业各层级的驱动。对于战略管理部而言，这是难得的契机，可以大大强化战略管理部在公司组织序列中的地位，提升战略管理部门的影响力，真正将战略管理部门的价值落到实处，推动公司可持续发展。

战略管理部门关键绩效领域的驱动层级，如表13-4所示。

战略管理部在企业战略管理中的重要性不言而喻。战略管理部的绩效考核，可以通过指标量化细化、指标转化和指标协调配合等方法，实现量化考核。

表 13-4 驱动层级

部门职能	关键绩效领域	驱动层级		
		高层	中层	基层
行业与市场研究	● 环境变化与战略相关性把控	● √		
	● 政策法规跟踪及时性和准确性		● √	● √
	● 市场竞争态势演变判断准确性		● √	● √
战略规划与管理	● 战略制定和调整及时性和规范性	● √		
	● 战略实施监控及时性		● √	● √
	● 战略纠偏及时性和规范性	● √	● √	● √
投资管理	● 战略性投资决策的规范性	● √		
	● 战略性投资计划及实施的合规性		● √	● √
	● 战略性投资风险管控的有效性	● √		
组织优化及业绩管理	● 组织体系的战略支持效果	● √		
	● 流程体系的战略协同效果		● √	● √
	● 业绩机制的战略驱动效果	● √	● √	● √
IT 规划及管理	● IT 规划的战略协同效果	● √		
	● IT 实施的有效性		● √	● √

一、考核指标要具体、明确

（1）能量化的指标尽量量化。能量化的工作主要是可以直接衡量的工作，如战略管理工作检查次数、战略规划报告文本、战略计划总结等。应检查战略管理部门哪些工作可以量化。如战略规划培训工作，可以用培训时间、培训次数衡量；战略管理制度建设工作，可以用制度制定的完整性、制度制定的篇幅以及制度检查落实的次数表示。

（2）不能细化的尽量流程化。战略管理部的一些工作，可以采用流程化的方式，把工作按照流程分类，对于每个流程，都可以从多个维度来衡量。通过对工作内容进行流程分解，就会发现许多可以考核的指标。

二、提高指标质量，增加工作难度

战略管理部承担着企业战略管理的重任，企业对战略管理部的考核，应采取提高指标质量的方法，增加工作要求，让战略管理人员定期出具公司战略风险预警报告，对公司的战略环境进行分析，把潜在危机、可能发生的原因及相应的对策都通过战略报告表现出来。这样，才能对企业高层会有很大的参考作用，同时提高了战略管理人员的管理水平。

三、与企业战略目标和业务部门指标有效配合

在指标的设计过程中，企业战略目标是一个系统，不仅有业务指标，还有管理指标、质量指标等非财务指标。企业的总体目标一定要分解和反映在战略管理部门上，落实到具体人员身上。这样，战略管理部才会有效地支持企业目标的达成，才不会与企业发展方向偏离。如企业未来有新的发展战略计划，反映到战略管理部的指标设计上，则必须有相应的战略制定、战略实施、战略评估和战略调整等指标。

四、指标设计要与其他制度相配合

在对战略管理部的考核指标设计中，应为战略管理部设计详细的职位说明书，明确每个人的工作重点，使得考核指标的确立有根有据。而通过建立和完善系统的目标体系，又可为战略管理部的指标设置提供支持。通过几方面的通盘考虑，战略管理部的考核才能切实可行，战略管理部的考核也将不再是企业绩效管理的难题。

战略管理部绩效考核表，如表 13-5 至表 13-7 所示

表 13-5　战略管理部关键绩效考核指标

序号	KPI 指标	考核周期	指标定义/公式	资料来源
1	战略规划方案编制及时率	年度	$\dfrac{\text{规定时间内编制完成的战略规划数}}{\text{规定时间应编制完成的战略规划总数}} \times 100\%$	战略管理部
2	战略规划方案通过率	年度	$\dfrac{\text{通过审核的战略方案数}}{\text{考核期内提交战略方案总数}} \times 100\%$	战略管理部
3	行业分析报告提交及时率	年度	$\dfrac{\text{规定时间内提交的行业研究报告数}}{\text{规定时间应提交行业研究报告总数}} \times 100\%$	战略管理部
4	战略项目进度控制	年度	战略项目按进度计划执行	战略管理部
5	业务流程改善计划按时完成率	年度	$\dfrac{\text{规定时间内已完成的计划工作量}}{\text{规定时间内计划完成的工作量}} \times 100\%$	战略管理部
6	提出并被采纳的建议数	年度	就当前企业运营过程中存在的问题提出改善建议的次数	战略管理部

表 13-6　战略规划主管绩效考核指标量

被考核人姓名		职位	战略规划主管	部门	战略管理部
考核人姓名		职位	战略管理部经理	部门	战略管理部

序号	KPI 指标	权重	绩效目标值	考核得分
1	战略规划方案提交及时率	20%	考核期内战略规划方案提交及时率达到 ____%以上	
2	行业调研计划按时完成率	15%	考核期内行业调研计划按时完成率达到 ____%以上	
3	行业分析报告提交及时率	15%	考核期内行业分析报告提交及时率达到 ____%以上	
4	经济运行情况分析报告提交及时率	15%	考核期内经济运行情况分析报告提交及时率达到 ____%以上	
5	各类报告提交通过率	15%	考核期内各类提交的报告通过率在 ____%以上	
6	业务流程改善计划按时完成率	10%	业务流程改善计划按时完成率在 ____%以上	
7	提出并被采纳的建议数	5%	考核期内提出并被采纳的建议数在 ____ 项以上	
8	统计数据资料完好率	5%	考核期内统计数据资料完好率达到 100%	

本次考核总得分

考核指标说明	1. 行业调研计划按时完成率 行业调研计划按时完成率 = $\dfrac{规定时间内完成调研任务数}{调研计划要求完成的任务数} \times 100\%$ 2. 各类报告提交通过率 各类报告包括行业调研报告、经济运行分析报告及战略规划方案等，其计算公式如下： 各类报告提交通过率 = $\dfrac{通过审核的报告数}{提交的报告总数} \times 100\%$

被考核人		考核人		复核人	
签字：	日期：	签字：	日期：	签字：	日期：

表 13-7　战略管理部经理绩效考核

方案名称	战略管理部经理绩效考核方案	受控状态	
		编　号	

一、考核周期

1. 年中考核

于每年的 7 月 ____ 日进行。

2. 年终考核于

下一年度的 1 月 ____ 日进行。

二、考核内容

1. 工作绩效考核

对战略管理部经理的工作绩效考核，主要从下表所示的 10 个方面进行。

续表

方案名称	战略管理部经理绩效考核方案	受控状态	
		编　号	

考核内容

考核内容	考核目的	绩效目标值
部门费用管理	合理有效地控制费用的支出，节约成本	控制在预算之内
部门工作计划完成情况	确保部门工作任务全面完成	达到100%
公司发展战略研究	保证公司持续、健康发展，确保公司发展战略与公司内部资源相匹配，适应外部环境的发展和变化	上级领导对提交的研究报告满意度评分在 ____ 分以上
公司战略实施情况监督与指导	确保公司阶段性战略发展目标完成	公司阶段性战略发展目标完成率达100%
投资收益率		达到 ____ %
公司经营情况分析	为公司高层领导提供决策支持	提交的分析报告的准确率与完成率达 ____ %
信息收集的及时性与完整性	为公司高层领导提供决策支持	
决策评审差错率	确保公司无重大决策失误	重大决策失误的情况为0
提出合理化建议被采纳的数量		被采纳并实施的建议不得低于 ____ 项
部门人员管理	确保各项工作能有序进行	1. 部门员工出勤率达到 ____ % 2. 下属员工无重大违规事件发生

2. 工作能力考核

工作能力考核主要是对具体职务所需要的基本能力进行的测评，对战略规划部经理工作能力的考核，主要包括专业技能掌握程度、分析决策能力、组织协调能力等。

3. 工作态度考核

工作态度考核主要包括工作责任感、协作精神、工作纪律性等方面。

三、考核实施

1. 考核采取自我述职报告与上级领导及其他相关人员综合评定的方法，述职报告由被考核者在规定的时间内将书面述职报告交给上级领导。

2. 年度考核总得分 = 年中考核得分 × 45% + 年终考核得分 × 55%。

四、考核纪律

1. 考核人员必须本着公平、公正、客观的原则对被考核者实施考核。

2. 考核工作必须在规定的时间内完成。

五、考核结果应用

根据绩效考评结果，对被考评者实施相应的人力资源管理措施，将绩效管理与其他人力资源管理制度联系起来。绩效评估结果主要运用于：股权激励、薪资调整、岗位调整、能力提升计划等方面。

相关说明					
编制人员		审核人员		批准人员	
编制日期		审核日期		批准日期	

本章回顾

※ 战略管理部是企业战略管理体系中的中心环节，为企业高层领导提供战略规划、产业研究、宏观视野、新业务孵化等服务。

※ 战略管理部门作为公司的一级职能部门，需要而且重要；战略规划的职能需要长期保持，可按照区域或业务设立二级机构。

※ 战略管理部门是专门负责战略管理的职能部门。战略管理部门在整个战略实施流程中的职责：为战略决策提供支持；编制战略计划与战略项目；管理战略沟通；建立战略执行文化；管理战略项目、协调组织；将战略重点与其他职能部门整合。

※ 战略管理部经理的任职资格，需要结合企业战略与文化和自身能力/核心能力设定，其包含岗位任职的各项标准。

※ 战略管理部门的关键绩效领域，需要企业各层级的驱动。